大都會文化
METROPOLITAN CULTURE

大都會文化
METROPOLITAN CULTURE

大都會文化
METROPOLITAN CULTURE

大都會文化
METROPOLITAN CULTURE

有約？與失敗

13張讓你遠離成功的入場券

Don't be a loser

和仁◎著

你為什麼不成功？請看看你有哪幾張入場券：

□自閉 □遲鈍 □自滿 ☑膽怯 □牢騷

☑虛榮 □自卑 ☑空談 □吝嗇 □自私

□守舊 ☑偏激 □懶惰

前言

很多人野心勃勃，爲自己訂下了人生的目標，立志要出人頭地，有所成就，並且兢兢業業地努力。然而，並不是人人都能如願。有些人或許從來沒有實現過自己的夢想、目標和渴望，反而因爲找不到出路，而心急，而苦悶，而活得太累。

在不少人眼裡，那些成功者是天之驕子，他們之所以成功，是由於他們生來富有、比別人聰明、比別人幸運；而提到失敗者，則與此相反，說他們出身貧寒、經歷坎坷、受教育程度低、命相不好等等。

其實，家世如何、創業成敗、智商高低、努力與否與運氣好壞，都無法解釋所有的成敗現象。要想得到準確的答案，還得尋找一些深層次的原因。這正是本書所要探討的。

其實，失敗與成功，有時僅在咫尺之間，其轉換也在瞬息之間。所謂失敗不僅僅限於事業的失敗，也包括處事的失敗、心理情緒的失敗、人際關係的失敗。陷於敗局而不能自拔的人，也就無法走向人生的坦途，無法走向成功與卓越。也許面對失敗，有人會說「運氣不佳」、「準備不足」等等，如果拋開各種客觀因素，失敗的原因顯而易見，歸根到底，在於每個人與生俱來的性格。

世上沒有完美的人，每個人身上都有這樣或那樣的毛病，這些毛病有的是與生俱來的性格缺陷，有的是後天養成的習性。正是這些毛病和習性，才使得人活得千差萬別，才使社會紛繁複雜。

對個人來說，有些毛病絕不應當小覷，有時性格中微小的缺陷，會讓你付出沉重的代價。更有甚者，有些毛病一旦組合在一起，會形成一股巨大的消極力量，阻礙人生走向積極的目標，反而會使人陷入一個又一個泥潭，直至落到萬劫不復的境地。

人們身上根深蒂固的各種毛病總是在潛移默化中影響著人的思維習慣、行爲方式。在新的時代背景和社會環境中，有些毛病更顯現出其劣根性和破壞性。其危害可能從多個方面體現出來：它們阻礙你事業成功，妨礙你獲得財富，損害你的人際關係，扭曲你健全的心智……像蛀蟲一樣，它們悄悄地將你賴以成功的各種資源蛀蝕一空，使你在不知不覺中喪失立身處世的根本，陷入人生的敗局，直到被時代所淘汰。

生存環境險惡，而最大的敵人就是自己，最危險的隱患潛藏人自身，這話已經成了老生常談。然而，眞理必須不斷被重複，因爲人們總是犯相同的錯誤：爲什麼有的人能成就一生的輝煌事業，得世人仰慕，萬古留名；而有的人卻只能碌碌無爲終其一生。反差如此之大，到底是什麼原因呢？回答只有一個，那就是是否能認識自我，拯救自我，突破自我。

本書根據一般人的性格特點、生活方式特點和人際關係特點，將當代人的各種「毛病」分成十三種類型，以全新的視角，獨到的見解，精闢的詮釋，幫你認識和消除成功路上的障礙，走出人生的低谷。若你希望命運出現轉機，享受成就事業、擁有財富的快樂，那麼請遵循本書提供的意見和技巧，剖析自身的性格，摒棄那些陳舊、固執、不合時代發展的缺陷，並你的優點發揚光大。

目錄

Contents

目錄

第1張入場券：不善交際

自閉

靦腆害羞，不善交際，溝通能力差，不善於利用人際關係資源。

一個人賺不了大錢

不喜歡和外界打交道的人很容易老化，這樣的人，財神爺絕不會靠近他。

沒有人能夠絕對地孤獨生活。個人是人類大動脈中的微血管，吸收人類心臟中流出的血液，一旦和這大動脈脫離，他立刻會枯萎、死亡。不管他怎樣努力於「獨善其身」，結果總要歸於失敗。

樹枝本身不能離開樹幹而獨立生存。把樹枝從樹幹上砍下來，結果註定是枯萎。同樣，個人的力量是從「人類心臟」，「人類樹幹」中得來的。一個人從別人處所攝取的能量愈大，種類愈多，那他個人的力量就愈大。假使他在社交及精神上，和他的同輩有多方面的接觸，那他一定是個有力量的人。反之，假使他與外界斷絕關係，那他一定會成爲孤獨的弱者。

人類好像「雜食獸」，身體和精神都需要各種糧食，而各種的精神食糧只有透過和各式各樣的人們相交往而得來。

一位當經理的朋友這麼說：「我覺得好奇怪，假如我不上公司上班，好像老得很快。去年我休假一段時期進公司後，同事們都說我好像老了十歲似的……」這位朋友的話一點也不奇怪，因爲，這是事實。

不願與外界接觸的人特別容易老化，其原因是，在家裡，不必刻意裝扮自己的儀容，同時，也不必注意臉上的表情。因而，心裡沒有那份緊張感，臉部肌肉得不到鍛煉，整個人毫無生氣，給人的感覺就很老氣。這就是爲什麼不喜歡和外界接觸的人，十之八九都看上去比實際年齡蒼老許多的原因。

這些不願和外界接觸的人，絕不會賺大錢。窮苦的人應該多到外面走走，並不是說多和外界接觸一定能碰到好機會，而是說，如果利用多餘的時間，和外界接觸，到各地遊走，說不定就能碰到賺錢的機會。

有些人發生了某些不幸事件之後，就避不見面，一個人整天待在家裡，不與朋友聯絡，也不與家人談笑。「活動力的衰退，也表示著運氣的衰退。」你可要注意這種說法。

不願和外界接觸的人，絕不會賺大錢。

聰明人眼中只有「人脈」

孔子說過：「益者三友，損者三友：友直，友諒，友多聞；益矣！友便辟，友善柔，友便佞；損矣！」意思是說，正直的朋友，能諒解人的朋友，多聞多知的朋友，都是對你有助益的；不正直的朋友，善於迎合人意的朋友，說謊巧辯沒有眞才實學的朋友，都是對你有損害的。

即使大家都知道一個喜歡對自己阿諛奉承的人，沒什麼用處，但是只要是人，都喜歡被人稱讚，而不喜歡被別人注意到缺點。所以俗話才說：「良藥苦口利於病，忠言逆耳利於行。」此外，「近朱者赤，近墨者黑」也是教導人要注意選擇朋友，不要和損友、惡友在一起，而要和益友、善友多多交流。

大家在看過前面這些傳統說法之後，覺得怎樣？

你會認爲這種思想絕對是正確的嗎？的確，這些思想是古代人們修身的範本，用在普通人身上是很好的，但若是政治家、企業家或想成爲富人的人們，若也照做不誤的話，卻根本沒辦法成功。

你有空時，可以用心觀察周圍的朋友們，其實，友善的朋友不一定是眞心友善，壞朋友也不一定是眞的那麼壞。

我們常說「以毒攻毒」，這就說明了壞朋友有時候反而可以發揮超乎想像的作用。

有些工作需要阿諛奉承，例如：誇讚客戶、同事之間的協調……都需要善於阿諛奉承的人來做才適合。

我們平常都拿抹布來擦髒東西，沒有人會拿著絲絹手帕擦髒桌子吧！所以大家不妨把那些壞朋友當做抹布。尤其是一心想要成爲大事業家、大政治家的人，實在有必要廣結人脈，多認識一些「抹布類」的人！

平常自律很嚴、品德高尙的人，一旦碰到「黑道人物」的騷擾或其他突發狀況，就完蛋了，整個像廢人一樣。所以不妨結交一些壞朋友，這樣才能訓練自己和三教九流的人相處，做好與某些「特殊層次」的人的公關工作。

我們的世界是多元，所以結交朋友也應該多元化發展，這樣才能在這個亂世中左右逢源、無往不利。

友善的朋友不一定是眞心友善，壞朋友也不一定是眞的那麼壞。

聚集眞能用得上的朋友

「有了朋友，生命才能顯示出全部的價值。智慧、友愛，這是照亮我們黑夜的唯一光亮。」一個人的成功，除了時、運和自身的努力之外，還離不開眾多朋友的支持和幫助。

人們可能都有這樣的體驗。有的人平時朋友多得沒法數，前呼後擁好不威風，可是到了有事需要朋友幫助的時候，卻一個都抓不住，全跑得無影無蹤。有的人平時朋友並不多，但在需要時全都鼎力相助。其中的原因就是，交友時沒有分等級。

朋友相交以「誠」，此乃至理，那爲何又要分「等級」？那不就不「誠」了嗎？非也！

南部有個很成功的商人，朋友無數，三教九流都有，他也曾逢人便誇，說他朋友之多，天下第一。後來有人問他，朋友這麼多，他都同等對待嗎？

他沉思了一下說：「當然不可以同等對待，要分等級的！」

他說雖然自己交朋友都是誠心的，但別人來和他做朋友卻不一定都是誠心的。在他的朋友中，人格清高的朋友固然很多，但想從他身上獲取一點利益，心存二意的朋友也不少。

「對方有壞的心眼，不夠誠懇，我總不能也對他推心置腹吧！」這位商人說：「那只會害了我自己。」

所以，在不得罪「朋友」的情況下，他把朋友分了「等級」，計有「刎頸之交級」、「推心置腹級」、「可商大事級」、「酒肉朋友級」、「嘻嘻哈哈級」、「保持距離級」等等。他根據這些等級來決定和對方來往的密度和自己心窗打開的程度。

「我過去就是因爲人人都是好朋友，受到了不少傷害，包括物質上的傷害和心靈上的傷害，所以今天才會把朋友分等級。」很明顯，「刎頸之交級」「推心置腹級」和「可商大事級」的朋友，是可以相互幫助的好朋友。

把朋友分等級聽來似乎無情，但聽了那位商人的話，使我們覺得分等級的確有其必要——爲了便於相互幫助和保護自己免受傷害。

要把朋友分等級其實並不容易，因爲人都有主觀的好惡，因此有時會把一片赤誠當成一肚子壞水的人，也會把兇狠的人看成友善的朋友，甚至在旁人提醒時還不能發現自己的錯誤，非等到被人害了才大夢初醒。所以，要十分客觀地將朋友分等級是十分困難的，但面對複雜的人性，你還是非得勉強自己把朋友分等級不可。心理上有分等級的準備，交朋友就會比較冷靜客觀，就可在關鍵時用得上，並且把傷害減到最低。

要把朋友分「等級」，對感情豐富的人可能比較難，因爲這種人往往在對方尚未把他當朋友時，早已投入感情；而且把朋友分等級，他也會覺得有罪惡感。不過，任何事情都要經過學習，慢慢培養這種習慣，等到了一定年紀，就不用人提醒，也會自動把朋友分等級了。

分等級，可像前述那位商人那樣分，也可簡單地分爲「可深交級」和「不可深交級」。可深交的，你可以和他分享你的一切，而不可深交的，維持基本的禮貌就可以了。這就好比客人來到你家，眞正的客人請進客廳，推銷員之類的在門口應付就行了。

另外，也要根據對方的特性，調整和他們交往的方式。但有一個前提必須記住，不管對方多聰明或多有錢，一定要是個「好人」才可深交，也就是說，對方和你做朋友的動機必須是純正的，不過人常被對方的身份和背景所迷惑，結果把壞人當好人，這是很多人無法避免的錯誤。

如果你目前平平淡淡或失意不得志，那麼不必太急於把朋友分等級，因爲你這時的朋友不會太多，而還能維持感情的朋友應該不會太差。但當你有成就了，手上握有權和錢時，那時的朋友就非分等級不可了，因爲這時的朋友有很多是另有所圖，不是眞心的。

一個人的成功，除了時、運和自身的努力之外，還離不開眾多朋友的支持和幫助。

在「關係網」中尋找機遇

提起關係網，人們有時會認爲它帶有某種貶義，這是片面的。

關係網本身沒有錯，它是中性的，關鍵看它是怎樣建立起來，如何運用。如果建立關係網，不違背一定的道德標準，運用關係網也沒有超出法律規定範圍，那麼，這樣的關係網何罪之有呢？在台灣，建立健康、符合道德標準和法律規定的關係網，對社會有利，對政府有利，對公司有利，對個人的成功更是不可或缺。

外國成功學有「友誼網」之說。認爲，喜歡別人，又能讓別人喜歡的人，才是世界上最成功的人。成功的人們大多喜歡廣泛交際，形成自己的一張「友誼網」。例如，你要某人推薦幾個供你拜訪的朋友，如果這個人是個失敗的人，他只能好不容易才找到一兩個人的地址和電話。成功的人就不同了，他們會推薦出一大堆朋友，而且是在長長的名單上尋找，因爲名單上包括各式各樣的朋友。由此顯示出成功者與失敗者在交友方面的差別。

成功的人大多是關係網龐大的人。這種網絡由各種不同的朋友組成，有過去的知己，有最近交的新朋友；有男有女；有前輩、同輩或晚輩；有地位高的，也有地位低的；有不同行業的；有不同專長的；也有不同地方的……這樣的關係網，才是比較全面的網絡，也就是說，在你的關係網中，應該有各式各樣的朋友，他們能夠從不同的角度爲你提供不同的幫助。當然，你也要根據他們不同的需要爲他們提供不同的幫助。這才是關係網應當具有的特徵。

關係網既然稱做是「網」，就應當具有網的特點。也就是說，在這張網上朋友的構成有點有面，分佈均勻。有的人交友卻不是這樣，他們結交的範圍十分狹窄，分佈十分不均。只在自己熟悉的範圍內認識一些人，而這些人的行業和專長比較單一。如此就構不成一張標準的關係網。

當然，不同的行業和不同的嗜好會對交友形成較大的影響。如果你是一名學者，你結交的學者朋友就是你的各種關係中最集中的人群；如果你是經理，你周圍的許多朋友大多數也是經理級的人；其他各行各業都可以依此類推。這就是我們在編織關係網的時候，常常遇到的限制，這種限制影響到關係網的「使用價值」和其品質。假如你是一位經理，你有沒有必要提高自己的理論標準？回答必然是肯定的。那麼，你有沒有必要結交理論界的朋友？回答也必然是肯定的。

人們常說的優勢互補，這適用於關係網的構造。本來，你有這方面的優勢，同時就可能有某方面的劣勢。打個簡單的比喻，你會寫書、演說，但你未必會在衣食住行等各個方面樣樣精通，那麼你不精通的領域，或者你根本不懂得的領域，就需要得到在那些方面精通的人的幫助。如果朋友的結構太單一，就難以做到這一點。所謂優勢互補，就是這個道理：用你的優勢，去彌補他人的劣勢；以他人的優勢，同時來彌補你的劣勢。這種要求下的朋友不能太單一，不能完全局限在自己的同行、具有共同嗜好和興趣的人之間。所以，你在某一方面有專長、有嗜好、有優勢，才要有意地結識與你的專長、嗜好、優勢有差別的人。這才符合網路的結構和原則。

廣泛的與人交往是機運的源泉。交往越廣泛，遇到機遇的機會就越高。有許多機運就是在與朋友的交往中出現的，甚至在漫不經心的時候，朋友的一句話、朋友的一次幫助、關心等等都可能化作難得的機運。在很多情況下，就是靠朋友的推薦、朋友提供的資訊和其他多方面的幫助，人們才獲得了難得的機運。從這個意義上來說，交往廣泛，機遇就多。在初步交往中，人們很可能沒有看到這種機運，在這個時候，不要因為沒有看到交往的價值，就冷淡了這類交往。誰知道與哪個人的來往會帶來更大的機運呢？

每一個偉大的成功者背後都有另外的推手。沒有人是自己一個人達到事業頂峰的，一旦你許諾自己要成為出類拔萃的人，就應該開始吸收大量對你有幫助的人和資源了。而其他各方面有所建樹的人是你所有資源中最大的資源，你要做的就是找到他們，構建有助於你的事業的「關係網」。

交往越廣泛，遇到機運的機會就越高。

進入商場的第一要務

進入商場的第一要務是「拜師」，也就是說要找個好老師，給你入行引路。一般來說，這個人不僅年長，而且經驗豐富，也許是你的同事或者老闆。由於某種機緣，由他來協助你拿定主意，向你傳授生意經。事實上，商場交際之道的重要一環就是學會合作，從一些成功的生意人那裡學生意門路，這樣才能走向成功。

其實，任何一個人初入商場不久，都會意識到交際中有許多不可言傳的內容，令人感到困惑不解，而且並不見得有人會來解釋給你聽，來幫助你，大家都保持著一定的距離，話說到一定程度就會打住不說。

當然，如果你是一個幸運者，就會有人欣賞你，來做你的引路人。這也不是偶然的，除了你自身的條件之外，也可能有誰推薦了你，說了你的好話，或者你表現了對什麼人的崇拜和羨慕，或者什麼人認爲最好的領導方式就是傳授，或者他熱衷於栽培像你一樣的人，等等。

不管怎麼說，你應該要很珍惜這種主動的提攜和幫助，找到自己的導師和領路人。但是，也有一些人不那麼幸運，沒有人來特別關照，那麼，你就要自己選擇自己理想的老師了。這時候，你就必須主動地表現自己，使對方能夠欣賞你，並結成良好的關係。一旦達到這層關係，就要不斷觀察、學習和求教，多聽取其建設性的意見。在這個過程中，一個重要任務就是聽取批評，並且在批評中不斷增進雙方的信任。千萬不要總是爲自己辯護，相反，還要不斷以接受的態度來鼓勵對方不斷關注你，並給你以幫助和栽培。

古人云：「三人行，必有吾師。」這話在商務交際中同樣適用。它不僅可以使你學到更多的東西，而且可以使你立於一個能進能退的合適地位。生意場上也是「做到老，學到老」，不斷有新技術、新方法出現，你不可能事事精通，所以多一個老師等於多一條路，你任何時候都不會感到無所適從和無處討教。所以，經商之路也是求師之路，一個人能夠從鄉村走向大都市，從台灣走向世界，必定要有很多引路人才行。明白了「三人行，必有吾師」的道理，你的經商之路就一定會越走越寬。

經商之路也是求師之路，必定要有很多引路人才行。

近朱者赤，近墨者黑

你周圍的人並不完全一樣。有的是消極的，但有的是積極的；有的是不得已爲工作而工作，而有的是胸懷大志，爲進步而工作；有的同事貶低主管說的一切、做的一切；有的則能客觀地看問題，而且充分認識到那些身居要職的領導人一定是優秀的人才。

我們的思想直接受到所處環境的影響。所以，一定要保證你的周圍都是正確看待問題的人，積極上進的人。

在我們的周圍，總有那麼一些小人，他們意識到自己的無能，因而千方百計地想成爲你前進道路上的絆腳石，阻礙你前進。許多有識之士，因爭取創造更大效益，生產更多產品而受到冷嘲熱諷，甚至受到威脅。

鄙視你周圍的這些消極分子吧！

不要讓他們把你拉到他們行列中去。只需對他們置之不理，視而不見。團結那些積極的、敢想敢做的人，與他們交朋友，跟他們一道前進。

你能很容易做到這一點，那就是「看重你自己」！

還要特別注意這一點，小心給你提供建議的人。在許多部門裡，你都會經常遇到一些愛說閒話的人。他們「了解內情」，並迫不及待地想使你成爲他們的一員。他們會對你說：「在這裡，你最好的處事哲學是不管任何閒事，對任何人都敬而遠之，躲得越遠越好。一旦他們認識你了，一大堆工作便會壓到你頭上，你就沒好日子過了……」

這種愛說閒話的人也許在公司已經幾十個年頭了，至今仍處在最低層。對一位想在商業界大做一番事業的人來說，他是最可怕的人！

當你有問題的時候，應向成功者請教，而聽取失敗者的建議猶如請一個庸醫治病。

一定要保證你的周圍都是正確看待問題的人，積極上進的人。

與最有名氣的人交朋友

環境改造我們，決定我們的思維方式。

找出你自己本身固有的，而不是從別人那兒學來的某一種習慣，如走路的姿態、咳嗽、端茶杯的方式以及對於音樂、文學、娛樂、美食的嗜好——所有這些舉止，相當程度上都取決於你的環境。

更重要的，你的思想、目標、態度和個性都是受環境影響的。與消極的人長期交往會使我們的思想變得消極，和沾沾自喜的人太親近會使我們養成一種自傲的習慣；相反，與積極思考的人做朋友能使我們站得高、看得遠，和有遠大抱負的人親近能使我們胸懷大志。

今天的你，包括你的個性和所處的地位，相當程度上是由你生存的環境決定的。將來的你，十年、二十年以後的你幾乎完全取決於你現在和未來的環境。

以後的年年月月你都會變化。但如何變化則取決於你周圍的環境。讓我們看看如何才能使我們未來的環境給我們幸福和繁榮。做到下面幾點，可以使你處於一個優良的環境中。

第一，結交新朋友。

如果總是和相同的人交往，你會覺得枯燥和不滿。還有重要的一點是：記住，你要想取得成功，你必須學會了解人。如果只想透過了解一類人來了解所有的人，就如同只想讀一本薄薄的書就想來掌握科學一樣，太片面了。

結交新朋友，參加新組織，擴大社交範圍。各種各樣的人，就像各種各樣的新鮮事物，會給你的生活帶來無窮樂趣，還可以擴大我們的社交領域。所以，人是我們不可缺少的精神財富。

第二，結交不同觀點的人。

在今天的社會，思想狹窄的人是不會有什麼出息的，重要的職務和崇高的責任只有那些一分爲二地看問題的人才能勝任。結交和自己意見不一的人。我們必須相信，他們都是有潛力的人！

第三，結交那些有進取心的人。

那些問：「你的房間有多大啦？有什麼傢俱啦？」而從不與你做思想交流的人是狹隘的人，小心不要受其影響。選擇那些積極上進的人做朋友，因爲他們希望看到你成功，會給你的計畫提出積極建議。如果你沒有這樣做，恰恰好結交了那些低級趣味的小市民，漸漸地你自己也會成爲他們中的一員了。

從不與你交流思想的人是狹隘的人，小心不要受其影響。

俗話說：「平時不燒香，臨時抱佛腳。」那樣的菩薩雖靈，也不會幫助你。因爲你平常心中就沒有佛祖，有事再來懇求，佛祖怎會當你的工具呢？所以我們求神，自應在平時燒香。而平時燒香，也表明自己別無希求，完全出於敬意，而絕不是買賣，而一旦有事，你去求它，它念在平日你的燒香熱忱，也不致拒絕。

如果要燒香，就找些平常沒人去的冷廟，不要只挑香火繁盛的熱廟。熱廟因爲燒香人太多，神仙的注意力分散，你去燒香，也不過是眾香客之一，顯不出你的誠意，神對你也不會有特別的好感。所以一旦有事求它，它對你只以眾人相待，不會特別照顧。

但冷廟的菩薩就不是這樣，平時冷廟門庭冷落，無人禮敬，你卻很虔誠地去燒香，神對你當然特別在意。同樣的燒一炷香，冷廟的神卻認爲這是天大的人情，日後有事去求它，它自然特別照應。如果有一天風水轉變，冷廟成了熱廟，神對你還是會特別看待，不把你當成趨炎附勢之輩。

其實不只是廟有冷熱之分，人又何嘗不是？一個人是否能發達，要靠機運。你的朋友當中，有沒有懷才不遇的人？如果有，這個朋友就是冷廟的菩薩。你應該與熱廟一樣看待，時常去燒燒香，逢到佳節，送些禮物。因爲他是窮人，當然不會履行禮尚往來的習慣，並非他不知道還禮，而是無力還禮。不過他雖不曾還禮，但心中卻絕對不會忘記未還的禮，這是他欠的人情債，人情債欠得越多，他想還得心越切。所以日後他否極泰來，第一要還的人情債當然是你。他有清償的能力時，即使你不去請求，他也會自動還你。

有的人能力雖然很平庸，然而因一時時運通達，也會成爲不可一世的人物。人在得意的時候，一切就看得很平常、很容易，這是因爲自負的緣故。如果你的境遇地位與他相差不多，交往當然無所謂得失。但如果你的境遇地位不及他，往來多時，反而會有趨炎附勢的錯覺。即使你極力結交，多方效勞，在對方看來也很平常，彼此感情不會有多少增進。只有在對方轉入逆境，以前好友，反眼若不相識；以前車水馬龍，今則門可羅雀；以前一言九鼎，今則哀告不靈；以前無往不利，今則處處不順，他的繁華夢醒了，對人的認識，也比較清楚了。

如果你認爲對方是個英雄，就該及時結交，多多來往。或者乘機進以忠告，指出其所有的缺點，勉勵其改過遷善。如果自己有能力，更應給予適當的協助，甚至施予物質上的救濟。而物質上的救濟，不要等他開口，隨時採取主動。有時對方很急著要，又不肯對你明言，或故意表示無此急需。你如得知情形，更應盡力幫忙，並且不能有絲毫得意的樣子，一面使他感覺受之有愧，一面又使他有知己之感。寸金之遇，一飯之恩，可以使他終生銘記。日後如有所需，他必奮身圖報。即使你無所需，他一朝否極泰來，也絕不會忘了你這個知己。

俗話說：「在家靠父母，出外靠朋友。」每個人生活在社會上，都要靠朋友的幫助。但平時禮尚往來，相見甚歡，甚至婚喪喜慶、應酬飲宴，幾乎所有的朋友都是相同。而一朝勢弱，門可羅雀，能不落井下石、趁火打劫就不錯了，還敢期望雪中送炭、仗義相助嗎？

「人情冷暖，世態炎涼。」趁自己有能力時，多結交些潦倒英雄，使之能爲己而用，這樣的發展才會無窮。

對朋友的投資，最忌諱的是講近利，因爲這樣就成了一種買賣，說難聽點更是種賄賂。如果對方是講骨氣之人，更會感到不高興，即使勉強接受，並不以爲然。日後就算回報，也是得半斤還八兩，沒什麼好處可言。

平時不屑往冷廟上香，臨時到頭再來抱佛腳也來不及了。一般人總以爲冷廟的菩薩不靈，所以才成爲冷廟。其實英雄落難，壯士潦倒，都是常見的事。只要一朝交泰，風雲際會，仍是會一飛沖天、一鳴驚人的。

從現在起，多注意一下你周圍的朋友，若有值得上香的冷廟，千萬別錯過了才好。

你認爲對方是個英雄，就該及時結納，多多交往。

交際場合需要頭腦機靈

在一個群英會集的場合中，注意瞧瞧，那些成功致富的事業家們，總是善於見風轉舵，隨機應變，說話機智幽默，臉上常掛著一絲和藹的笑容，儀表永遠是這樣地給人好感。他們往往是社交場合中的活躍人物，一看到他們，總會被他們的風度吸引住。

其實，他們這種看家本領不是天生的，只不過是日常生活中磨煉得多了，慢慢鍛煉出來的。

首先，我們要訓練自己的眼睛。

我們要能一眼看出某人的笑容帶了奇怪的意味。

我們要一眼看出，某人的某個小動作代表著一種奇怪的東西。

我們要一眼看出，當一縷笑容從一個人的臉上掠過，會對我們有什麼影響。

我們要訓練自己有著這樣的習慣，無論在什麼地方，都能一眼看出許多東西來——尤其是潛在的。

其次，訓練我們的耳朵。

你是否曾經這樣訓練過自己：

在一個人數眾多的場合裡，豎起耳朵去聽，聽什麼？

聽他人的談吐，看看他們的談吐有什麼魔力能一下子征服別人。

聽他人的辯論，看看他們如何進攻，如何一步步把對方的論點推倒。聽聽他們怎樣維護自己的論點，怎樣擺證據，怎樣陳說事實，如何在攻守之中申明自己的意見。

聽他人的評論，看看他們是站在什麼立場來評論時事，他們的見解是否值得重視，他們的針砭是否切中時弊。

聽他人的建議，看看是否切實可行，聽聽他們對一件事情的看法，是根據事實或別的論據來加以批評的。

事後，我們把這些聽來的東西摘要記下，細細加以分析。這樣，我們的知識就開始豐富起來了。因爲我們聽來的這些話、這些人的成分很複雜，有的是學者、政客、醫生、工程師、商人，工人、記者、雜誌編輯……他們行業複雜；各人有各人切身的感受，各人有各人的觀點。從他們口裡說出來的話，使我們在極短的時間內，得到了許多在書本雜誌上無法得到的知識。

這些知識不知道何時才有用處，也不知道它能發揮多大的力量，改變我們的生活，但我們在各種社交場合中卻很可能會隨時隨地用得著它的。所以，要學習成爲交際能手，首先得張大眼睛、豎起耳朵，去看、去聽。接著，就要訓練自己有個隨機應變的頭腦。

隨機應變並不是聰明人的專利權。千萬別以爲只有聰明的人才會隨機應變，認爲自己不夠聰明，什麼事都做不好，那來隨機應變的頭腦呢？這是你自卑心理作祟而已！

那些聰明人也未必見得能隨時隨地應變各種緊急情況，不信的話，不妨作個試驗。我們可以約幾個自認爲聰明，或者我們平日認爲聰明的朋友，一起吃晚飯。大家天上地下、輕輕鬆松的無所不談。突然，有個人忽然跑進來，氣喘吁吁地對你說，某個朋友因爲開車不小心碰傷了人，可能是不懂得交通規則，在肇事後已經畏罪潛逃了，請求你設法挽回這件將要闖大禍的不幸事件。

此時，你不妨馬上徵詢這些聰明朋友的意見，相信很少人能不假思索地說出一個辦法來的。這一點可以有力地證明，並非那些聰明人才會隨機應變。

隨機應變是練習出來的，辦法很容易，只要你能有恒心的去做！每天早上，我們盡可能撥出三十分鐘做這樣的練習：給自己出許多難題，限定自己在三十分鐘想出個應變的辦法來。

例如我們看到房子失火，火勢已經大起來，怎麼辦？比方我們在一件生意進行當中，發現對方是個商業騙子時該怎樣處理？若我們在證券交易所裡，買進了一大堆股票，但這種股票的價錢卻急轉直下地狂跌，怎麼脫手呢？如果另一半因爲一點小小的誤會，雌威大發，鬧得雞犬不寧，怎麼處理呢？倘如在遊樂園裡溜滑梯上的孩子突然失速的滑墜下來，該先救人或先通知管理人員呢？……

盡可能向自己提出各樣的問題，也盡可能針對這些問題提出一種、兩種，以至許多種的解決方法，盡可能把這些問題和它們的解決方法記下來，然後細細比較它們的得失，比較它們的優點和缺點，比較它們是否切實可行，比較它們在實行以後所得的效果。這樣，我們的腦筋動得多了，漸漸變得敏銳，而我們的經驗——包括直接經驗和間接經驗——也會迅速增加。在這時候，我們就會變成一個能夠隨機應變的交際高手了。

張大眼睛、豎起耳朵，去看、去聽。

第2張入場券：反應遲鈍

遲鈍

對現實的變化反應麻木，對資訊不敏感，因而坐失良機。

對人生機運的一種洞見

漢代大思想家王充在《論衡》中講過一個寓言，說的是一個周朝人，一生求官都沒成功，年紀已老，頭髮都白了，站在路邊眼淚直流。有人問他爲什麼哭，他回答說：「我屢次求官都沒成功，想想自己年紀已老，時機已過，感傷不已，故此落淚。」旁人又問：「屢次求官何以一次也沒有得到任用呢？」他答道：「我年輕時學文，學有所成後就開始去求官，但君王喜歡用年老的人；等這位君王去世後，新君王喜歡用習武之人；於是我敢而習武。武藝剛學好，好武的君王又去世了。少主即位後，卻又喜歡任用年輕人，而此時我年紀已大。所以，一次機會也沒碰上。」

這則寓言擷其要點是談一個「機運」的問題，所謂「生不逢時」，回回落空。大略地看起來，這是一件偶然之事，種種不利情況正好全給他遇上了。但要是細細分析下去，其中可以找到古人對人生機運的一種洞見。

所謂機運，在某種意義上也就是人生過程與社會過程的同步，個人內在條件與社會要求的相合。個人具有種種條件而社會正好又需求這些條件，那就是機運來了，至於能否把握機運，那是另外一回事。問題在於有不少人在某些時候雖然具有種種良好條件，但社會恰恰沒有可以相回應的需求，甚至需求的是其反面，就像現實生活中，一位男性各方面都不錯，但主管恰恰要找個女性，那麼這個男子的一切有利條件都變得毫無意義了。

問題還在於人是活的，人身上的許多條件並不像年齡那樣，只能傻傻等它一天天大起來，老了又沒辦法趕著它往回走。許多時候，人都是有意識地按照社會需要來培養自己的條件，就像那個周人看見習文不行，就改爲習武一樣。然而，人的培養、才能的形成總需要一個過程，社會需要與個人經培養而形成的能力之間總有一個時間差，在你一個勁地用心思培養自己的時候，憑什麼斷定社會本身的需要就不會變化？那個周人武藝剛學好，好武的君王就死了，武藝一錢不值，這種自我培養不就成了「刻舟求劍」了嗎？

> 所謂機運，就是個人內在條件與社會需要的相合。

讓自我適應社會環境

人是這個社會的一分子，社會對每一個人都會產生多多少少的影響。有正面影響，也有負面影響。我們不能總祈求正面影響而埋怨負面影響，相反應該學會適應這些影響。

的確，由於種種原因，我們的社會制度還很不完善，還存在種種弊端，例如以權謀私、任人唯親、鯨吞公款、仗勢欺人、徇私枉法等等不正常現象。可是如果老是盯著這些陰暗面怎麼能行呢？人類社會已經發展了幾千年，但整體來說是朝著良性和健康的管道向前發展。人們正不斷拋棄一些壞的、阻礙社會進步的東西，社會正一步步地向著理想的方向，向著大多數人期望的方向發展。我們應該認識到這是一個極其漫長而又艱難的過程，不能奢望一蹴而就。必須認清這個道理，而且必須學會去適應。

經常聽到有人發牢騷，說當今社會如何糟糕，如何不公平等等。現實終歸是現實，弊端一下子難以克服，這些都是正常現象，只要堅信一條「明天會更好」，只要心中充滿希望，現實也沒什麼可怕的，陰暗面也沒什麼大不了。成功的道路多的是，鍥而不捨的人終將會有收穫。

其實那些個對現實牢騷不滿的人恰恰是一些心理不平衡的人。例如他們常常想，某人賺了錢、某人升了官、某人買了車、某人出了國等等，我本來比他們都強，可卻不如他們風光！這種心理不平衡本來是人之常情，聰明的人會用自己的實際行動去追求新的平衡，靠自己的努力透過正當奮鬥去實現人生的自我價值。牢騷不滿的人整天怨天尤人，我敢說，這些人一旦有了機會，必然會不擇手段，不顧道德約束去追求那些東西。正是這些人造成了社會的陰暗面。這樣的人眞該認眞反思自己的品行才對。

曾有句歌曲這麼唱：「世間自有公道，付出總有回報，要做就做最好。」我們不要一味去埋怨，更應該多想一想，自己到底爲社會做出了些什麼？憑什麼祈求社會給我們大的回報？假若你眞的付出了，早晚總會得到回報，即使自己得不到，也可能會給自己的親人造福，既然來到這個世上，既然想成就一番事業，就讓我們做得更好。這一切才是眞正的挑戰，如何適應時代的挑戰才是我們這本書的主題。

牢騷不滿的人整天怨天尤人，一旦有了機會，必然會不擇手段，不顧道德約束去追求那些東西。

跟著時代的腳步走

從事商業活動的經營者，必須具備有根據社會變化而變化的新思維和新觀念，絕不能對日新月異的社會變化產生恐懼，相反地，還應有一套切實可行的應變計畫，以備不時之需，使自己能夠敏銳地把握住生活中那些稍縱即逝的機會。

例如不斷留意世界經濟的人，一般都會知道什麼農產品今年豐收，什麼今年減產，萬一他所經營的產品中，有以減產農產品爲原料的，就應及早找出應變的方法，最好的辦法就是趕快找出可以替代該農產品作爲原料的副產品，或是趕緊推出另一種新產品上市，將消費者的注意力吸引過去。

經營者的成功與失敗，主要在於面對困難時，採取的態度是勇於面對還是膽怯逃避。經營者的成功往往是懂得順應時代潮流發展的結果。對於成功的經營者，很多人總是認爲是上帝給他們提供了好運氣，卻很少看到他們在順應潮流方面所做出的努力。

通常情況下，社會的變化是以十年爲一個觀察範圍，許多精明的經營者都是以此作爲自己長遠投資的根據。但如果以天或以月作爲觀察範圍，你可以發現其間的變化幅度甚微。將眼光從十年到近日逐步觀察，你將會發現有不少變化因爲太小，而特別容易被人們所忽略，但在這些細小的變化積聚之下，就會發生質變。因此，經營者的成功，就在於根據環境的不斷變化及時進行調整。

美國的一位百萬富翁說：「機會並不會自動地轉化爲鈔票——其中還必須有其他因素。簡單地說，你必須能夠看到它，然後你必須相信自己能抓住它。」

相信自己有能力獲得成功是非常龐大的信念，它可以解釋美國經濟領域中人們的各種行爲變化。同時，相信自己又直接取決於對有利機會的認識。

爲什麼有那麼多的人在開業的一兩年中就失敗了呢？其中肯定有機會方面的問題：大多數做生意的人並不眞地清楚成功的可能性。記住，這並不在於你學了多少，學了多久——而在於你學了什麼，所學的東西是否能很好地在做生意中起了很大的作用。知道成功的機會可以有完全不同的結果。冒險打賭，你的大學文憑根本幫不了你的忙；想要獲勝，也不會因你沒上過大學、不懂英語、沒出生在美國而希望落空。

一位成功的經營者指出：「強烈的欲望也是非常重要的。人需要有強大的動力才能在好的工作中獲得成功。你必須在心中有非分之想，必須盡力抓住那個機會。」

要想有效地把握機會，必須克服以下障礙：

第一，一些人總想回避創造性的工作，儘管他們會斷然否認這一點。一般人有一種傾向，會選擇規律的工作，以代替創造性的活動。事實上，他們不厭其煩地去接受簡易的任務，就是為了避免在發生緊迫問題時，思考受到了壓力，或者造成情緒紊亂。

第二，固步自封，猶豫不決。不顧一切地要解決自己的問題，但囿於各種固有的解決方法，結果還是束手無策。這種猶豫遲疑的思想傾向，在窮人中不難找到。

第三，海龜式的毛病。當一隻海龜受到威脅時，便將頭縮進殼內，以保護自己。因為牠不敢把脖子伸出來，所以只有維持固定狀態。同樣，許多窮人也害怕伸出脖子，他們總是儘量避免決策。

第四，過分專注、緊張，會造成停滯和固定的死狀態。當一個企業家的思想感情陷入某一問題的泥潭之中，比如他的事業正處於生死攸關的時候，他會變得遲鈍呆板。他會喪失正確觀察事物、洞察其相互關係的能力，從而做出錯誤的決策或根本做不出任何決策來。

第五，個人素質的障礙。有些窮人做不出決策只是因為，他們覺得沒有決策可做。阻礙他們進展的原因是，他們智力有限、記憶貧乏、思想僵化以及自身的積極性不高等等。

經營者的成功，就在於根據環境的不斷變化及時進行調整。

善於轉動腦筋才能突破現狀

從前一個年輕的英國人在他的農場裡度假休息，他仰臥在一棵蘋果樹下，思考問題，這時，一顆蘋果落到地上。

「蘋果為什麼會掉到地上呢？」他問他自己。地球會吸引蘋果嗎？蘋果會吸引地球嗎？它們會互相吸引嗎？這裡面有著什麼普遍原理呢？

這位年輕人就是牛頓。他用思考的力量，獲得了一項極其重要的發現——萬有引力定律。牛頓向自己提問而發現了萬有引力定律。

任何剛開始經營的商人，要養成最有價值的習慣是，在下決心之前，可以停下片刻，迅速回顧自己的推理。這種最後的檢查，也許只需要幾分鐘甚至幾秒鐘，但收穫卻非常之大。這可以讓人有一次機會來合理地整理自己的思緒，或回想自己爲什麼或怎樣會有這種決定。這個簡單的過程，可以大大地增加一個人如何迅速而有效地去處理可能碰到的難題。這有點像世界上某些最佳演員所養成的習慣一樣，雖然他們可能對所扮演的角度已經熟透了，但是在開幕之前，仍會迅速地把劇本（他們自己的那一部分）過目瀏覽一遍。

一個很成功的推銷員曾這樣說：「他的成功是在經營事業的初期便養成了慣於思考的習慣，而善於思考是超越自我的前奏。」

「我甚至還想出一個秘訣來養成這個習慣。」他說，「去拜訪顧客之前，我一定要先靜下心，喝杯咖啡，擦擦皮鞋。這樣一來，在我眞正踏入顧客辦公室之前，我有一個最後思索的機會——如何表現自己。所得到的效果好極了！除了能從容地應付對方所提的問題外，還推銷了很多的東西。」

不管任何人，最好養成下決心之前留下幾分鐘來冷靜地整理思緒的習慣！

善於思考是超越自我的一種前奏。

永遠搶先一步

事業有成的人大多是因爲比別人首先嗅出外界的變化，並巧妙地將之轉爲商機。畢竟「商機」這種東西在外界局勢有若干變動時最容易冒出頭，所以能比別人早一步注意到這種變化同時付諸行動者，就是最大的贏家。

舉例而言，人口結構的變動便是近年來幾項重大變化之一。當前人口結構正以國際上前所未見的速度朝高齡化國家邁進，而誰能搶先一步發展出新事業去呼應這項變化，便極可望成功。

另一個現象就是人口結構的國際化，這也算是一個嶄新的經驗。近年來被外派到對岸工作的台灣人漸漸增多，受惠的自然是那些國際電話公司，據說他們的業績有著極大幅度的上升，因爲這些台商得時時打電話回台。

總而言之，人口結構高齡化或國際化的潮流在社會上會掀起許多的變化，而想要出人頭地就必須搶得先機。不妨環顧一下我們生活周圍，處處充斥著變化的徵兆。例如，在地球暖化漸逼的二十一世紀各國政府，對車輛廢氣排放的管制將趨於嚴格，這麼一來汽車勢必乏人問津，屆時恐怕在路上跑的車輛清一色都會是電動車。

對外界變化要保持敏捷的耳目，必須常搜集情報、下一番苦功鑽研才行。如果有心積極從事研究，非得先有明確的人生目標與工作目標才行。

其實，在日復一日的工作內容當中，能夠滿足你冒險欲望的機會俯拾皆是。舉例而言，當你想要推展某項計畫時，可以自己舉手提出：「請讓我來做！」或者乾脆自己寫企劃毛遂自薦：「請准許我完成這項計畫。」總之，不要老是等待對方派工作給你，要自己主動去挑戰，這便是剛剛提到的「不入虎穴，焉得虎子」的精神。

當然，「請讓我來做」的話一出口，你就有責任要確實完成這項任務；企劃一提出，就得下點苦功，以便面對別人的相關質詢時能從容應答。反過來說，就算該工作內容你不怎麼喜歡，自告奮勇的舉手動作也會逼得你不得不努力。

另外，在某些特殊情形下，或許上司下達的命令會陷你於難堪的處境，那時你要將它看做是一次機會。比如調你到不賺錢的部門或坐冷板凳，這時正是你嶄露頭角的好時機，只要你能讓部門的業績起死回生，必定能贏得全公司的注目。所以只要努力提升自己的業績，出頭的日子便不遠了。

如果為此嘔氣，整天淨是埋怨，那機會可能會溜掉。所以說外界變化之時，正是機會降臨時。這裡所謂的「變化」，有時得靠自己創造，有時則是對方突然丟給你的變化球。不論情形為何，重要的是，不要害怕變化，也不要忘記冒險的決心。即使處境令你難堪，也要當作是「給你一次經驗的機會，有益無害」，「這正是激發自己潛能的好時機」，那麼原以為是「禍」的事情必能化解為「福」了。

如果你認爲事業的最終目的在於自我實現而非僅是賺錢，那麼對你來說選擇自己想做的、自己喜歡的工作，便是再自然不過的事了。因爲是自己喜歡的工作，你會加倍努力，對該行業的狀況也比誰都清楚。不過，還是有人對該行業一竅不通，自己又學不來，就不自量力地想跳進去。一旦你涉足到非專長的領域，即使初期嘗到些甜頭，終究還是會失敗的。這話怎麼說呢？假使你幸運地撈到錢，很可能會迷失自己；假如失敗了，你連怎麼失敗的都搞不清楚。

在日復一日的工作內容當中，能夠滿足你冒險欲望的機會俯拾皆是。不要害怕變化，也不要忘記冒險的決心。

窮神專找猶豫不決的人

對商人來說，能不能貫徹意志、果斷地下決定，往往是影響事業成功的一大因素。能賺錢的人在推動一項業務之前，一定會先考慮自己對該業務的意圖，及時而果斷地下決心。當然別忘了設法使部屬能目標一致，全力以赴，這樣業務才能依計畫逐步進行，而邁向賺錢之路。

及時而果斷地下決心，往往是賺大錢人的重要手段。就比如一個擁有上萬名員工的企業，突然遭到重大事故時，如果稍有遲疑，不但會失去解決事故的良機，甚至會打擊員工的士氣，工作效率由此急劇下降。

在當今競爭激烈的時代，這種競爭造成了相當大的壓力。時間的爭取，意志的堅持，其關鍵在於能否把握方向了。「大海航行靠舵手」，指的是一條遭遇暴風的小船，能不能駛出驚濤駭浪，化危爲安，完全靠著船上是不是有一位經驗豐富，並且意志堅定的舵手而定。

尤其是你生意越做越大，勝負感也越嚴峻時，問題也會層出不窮。眞正大型的公司在主舵手下面分佈著一些小舵手。這時你就要充分地授權，因爲內部結構愈複雜，所謂的困難也愈複雜。如果什麼事都要等到你來決定，不說你的精力有限，很可能會貽誤時機，漏失最佳方法。

當然被充分授權的人在做出決定之前，要愼重地考慮，周詳地盤算，廣泛地徵求別人意見，才能使自己的決定不致發生太大的錯誤。因爲，世上沒有一個全能的人，其所做的決定都是正確的。

會賺錢的人會要求他的部屬在做出決定之前，先多方考慮，憑自己的經驗智慧，根據客觀事實，審愼而迅速地做出較合理較正確的決定，把錯誤的可能性減到最低。

及時而果斷地下決心。

心理衰老的表現

窮人要防「心衰」。所謂「心衰」並非指生理上的心力衰竭，而是要防心理衰老。

心理衰老有哪些表現呢？

自卑，往往沉默寡言、性格孤僻、膽小怕事、不愛交際、缺乏生活熱情，更無創造力和事業心可言；生活簡單隨便，常有等死念頭。

多疑，固執刻板、因循守舊、疑慮纏身，常以許多莫須有的清規戒律來自我約束。有的則容易表現出恐懼，怕有飛來橫禍殃及自身，尤其對自己的疾病所憂更甚，常將普通疾病疑爲癌症等。

敏感，心胸狹隘，嫉妒心重。他們常因一些小事而與人爭吵不休，或因自己看不慣的人和事而耿耿於懷。唯我獨尊是其特性。

怎樣才能延緩心理衰老呢？

要在社會活動中去領會各種資訊和生活情趣。使思維不斷變化，腦細胞活力和腦功能維持在一定水準，才能防止自卑感的出現。與人爲善也是預防心理衰老的重要措施，與身邊的人應盡力和睦相處，並給予力所能及的幫助和支持，這會使自己的心理無限歡愉。對家庭成員和鄰居的過錯不必過分指責，對他人所取得的成績無須嫉妒。這便是

「仁者壽」的道理。

現代生活爲預防心理老化則提供了許多休閒活動：聽音樂、喝茶、看電視影集、書報和做各種運動等，這些都足以使自我充實，心理自然健康。

在現實生活中人們在大腦中形成一種特殊的「心理敏感區」，即最怕人知道、談論或揭發自己的缺陷、弱點或隱痛之處，即使自己想到或別人提到類似問題時，也會非常敏感，聯想、多疑，從而帶來了苦惱、暴怒和歇斯底里大發作。有的則積鬱自卑、性情孤僻古怪，造成心理變異，甚至輕生自殺。

爲了增進心理健康，應該重視自我心理脫敏，主要的脫敏方法有：

第一，思想修養法。「心底無私天地寬」，要正確認識到：生理、心理缺欠並非是自己的過錯，曾有過失而受懲處這是過去的「舊我」，能幡然悔改是光彩的、有出息的。

第二，理智制控法。當人們無忌諱談你的隱痛問題時，要能用理智控制自己，用堅強的意志力克制自己的言行舉止，並暗示自己不從壞處去聯想，別人的揭諱之談無損於你的人格尊嚴。

第三，避開轉移法。當你發現有人會刺激你、傷害你時，你可以走開，置之不理；有人無意或有意提及你的隱痛問題時，你可以把話題引開，或者以幽默語言去化解；如果你心理仍有陰影籠罩，就去參加有趣的藝文活動或做平日最感興趣的事，從而淡化消極情緒，誘發積極樂觀心情。

第四，代償昇華法。俗語說：「人貴有自知之明。」在發現自己的缺陷時，也能發現自己的長處和潛能，發揮人體具有的代償功能，一方失利，他方補償。

用堅強的意志力克制自己的言行舉止，並暗示自己不從壞處去聯想。

擺脫困境的秘訣

「我的生活很悶。」一位四十七歲的男士說：「每天早上起床，然後上班，下班。回到家裡又是千篇一律——看報紙，吃晚飯，做點小事，看電視上床睡覺。然後又是起床，上班。」

「從前工作令我興奮，但現在，我已經失去了衝勁。以後的日子我該怎麼辦？想到未來歲月永遠是這個樣子，我很難過。」

這個人正處於僵局，停滯不前，自感進退維谷。他不知道怎樣擺脫他的舊習慣，因此感到害怕。不過，如果他能接受事實，承認自己正處於一個階段的終點，那麼，他便可以開始一個新的階段。這樣，他可以得到的好處，就是能夠快樂地度過以後的日子。

對許多人來說，工作是我們身份和自尊的基礎——只要事業有成，這點無可厚非。但是晉升最後總會有個盡頭，這樣有時便會引起一種可怕的失敗感。對工作熟練之後，也可能會帶來乏味的感覺：牙醫對補牙感到厭倦；教師對教導小學二年級學生感到枯燥；律師對於處理離婚案件感到無聊。一有這種情形出現，就像剛才描述那個人一樣的感受便很可能產生。

雖然各種不同對策的功效因人而異，但有些步驟卻是對我們大家都有用而且能幫助我們脫離那種僵局的。以下幾個步驟，可以幫助你擺脫困境。

第一，採取主動。如果你等待上司或命運爲你創造機會，那你未免太俯仰由人了。說出你想得到什麼是你的責任。你對自己的才能比任何人知道得更清楚。只有你的獨特能力可替自己講話。主動設法將你的工作重新安排使它更具挑戰性。

想想你的工作有哪些方面令你稱心滿意，然後將它們加以拓展，接著說出你的心意，要求有個改變。雖然你不可能想到什麼便得到什麼，不過總比緘口不言更有機會得到一點好處。

第二，改變行業。轉行是一場很大的賭博。不過，對那些甘冒風險的人來說，這可能是最好的選擇。

第三，重新學習。你必須不斷學習，以應付一個接一個的挑戰。學習可以讓你提高並施展你的工作技能，也可以讓你隨著工作興趣的轉移而增加從事新工作的可能性。此外，你也可以爲學習而學習。

除了在正式課程中可以學到有特定用途的東西以外，你還有一個更基本的理由主動自修。在工作上，改變的步伐不斷加速，只有那些能夠學習，能夠適應和有先見之明的人，才能把握住機會。像任何別的技能一樣，學習也是需要鍛煉的。

第四，多方發展。進退兩難而又無法改變工作的人，必須以自己覺得有意義的不同的方式，發揮自己的知識和技能。這其中一個有效的方法，就是做年輕同事們的良師益友。

第四，公私兩全。有些人發現，工作使他們只剩很少時間可以支配在其他方面配偶、子女、朋友，尤其是自己。

爲自己而花的時間是很重要的。在精神上拋開工作壓力，鬆弛一下，對保持創造力充沛而言是必要的。理由很簡單：我們的電池必須充電。

能接受事實，承認自己正處於一個階段的終點，便可以開始一個新的階段。

養成每週逛一次書店的習慣

也許你沒有每天逛書店的習慣，但是至少一星期要去逛個一兩次。不買書也沒關係，看看架上整排書的書名或封面也好，至少可以讓自己大概地掌握最近的趨勢和社會的脈動。

一旦看到有興趣的書，不妨大略的翻閱一下，這樣可以幫助自己探索未知的領域。一個人如果沒有動機就不會採取行動，所以，如何製造一個驅使自己去做的環境是非常重要的。

如果發現自己和別人交談時，話題總是很有限而且索然無味，就是因爲吸收的資訊太少所造成；或者是自己所關心的事物太著重於某些層面，而忽略了其他的東西，如果能多讀一些書的話，就可以彌補這一方面的不足。

想要讓自己變成一個有知識的人，就應該由淺而深的廣泛獵取知識，因爲一個成功、有名望的人，絕對不可能是一個無知的人。

一旦看到有興趣的書，就不妨大略的翻閱一下。

第3張入場券：得過且過

自滿

貪圖安逸，得過且過，因小康而自滿，過早喪失進取心。

安於現狀是成為富人的大敵

「只要安穩地過一輩子就好了。」、「只要過得去就好，不必賺太多的錢。」什麼人最怕冒險？就是那些安於現狀的人。什麼人註定窮一輩子？也是那些安於現狀的人。

滿足現狀並非壞事。多少人在一家機構裡工作十年，二十年、三十年以至退休，按部就班升級，結婚生子，一家生活安定，這本身已是很多人夢寐以求的幸福生活。只要維持現狀，一切都在自己的計畫之中，窮人會感到安全、滿足。滿足現狀的人並不怎麼歡迎機會。機會代表變動、風險、困難和失敗的可能，這些都與他們的要求背道而馳。

創造機會，表示打破現有生活的均衡。忽然間，四方八面出現不明朗的因素，這些都是滿足現狀的人所不願看見的。有時，他們會幻想一下創造機會可能帶來什麼豐厚成果，這樣已感到滿足。他們不會企圖把夢想付諸實踐。安於現狀並無不妥，可是如果一邊埋怨收入不夠，生活比不上別人愜意，但又不肯冒險，不肯投資，這就只能是徒然自尋煩惱了。

不滿現狀，奮發向上是賺錢發財的前提。不願過「單調無意義的生活」，想過「更充實更華麗的生活」，這種念頭才是引導你賺錢的最佳動機。一個能賺大錢的人經常有這種想法，就是今晚下暴雨，刮颱風，都要游到對岸去。不安於現狀的想法使許多人功成名就。換句話說，這種想法是成功的關鍵。

假如你是一個私人機構員工，每天固定上下班，而且收入在三萬元上下，如果扣除日常所需費用，所剩金錢無幾，當然談不上常常出外唱唱ＫＴＶ，每週看電影等娛樂活動了。如果你並不安分於現有生活水準，那麼你將會想辦法使收入增加幾千元，但是，假如你已經如願以償，達到每個月收入四萬元的目標，然而這又如何呢？除了日子比以前好過一點外，仍然無法讓妻子過得更舒適，身爲男性，一家之主的你怎能不感到悲哀呢？這時如果你猛然覺醒，產生了再賺更多一點錢，以便讓妻子過上舒適的生活，那麼你的收入可能達到四、五萬元了。這樣無休止的進取，你又何曾不能掙到十萬、百萬乃至千萬元呢！

相反的，安於現狀的人往往不能保持現狀，就連原有的財產也不保。汽車大王福特曾說：「一個人若自以爲有許多成就，而止步不前，那麼他的失敗就在眼前。我看過許多人，開始時掙扎奮鬥，但在他們犧牲無數血汗，使前途稍露曙光後，便自鳴得意，開始怠惰、鬆懈，於是失敗立刻追隨而至。跌倒後，再也爬不起來。」

古語有云：「英雄色膽。」它的意思並不是英雄就好色。它只是強調有所作爲的人好色者較多罷了。我們經常耳聞、目睹成功的商人同樣是追逐女性的好手，多半的風流韻事皆與成功人士有關。這類男人，大都是不滿現狀具有革命性活力的人。

也就是說，這些人要與一般的好色之徒區分開來。他們應該是風流而不下流的人。

賺錢也是如此。「使自己更上一層樓」的觀念會使你賺到更多的錢。

安於現狀的人往往不能保持現狀，就連原有的財產也不保。

人往高處走

社會上永遠都有兩種人，一種人滿足於目前的狀態；另一種人時刻都在計劃未來，一有機會就以挑戰的姿態進取。這讓人想起兩句古話：「居安思危」和「不進則退」。

前者是智者，後者是懦夫。居安思危的人往往能夠把握時代的脈搏，同時也不斷地充實自己。他們關心社會上的重要新聞，在自己鑽研的領域儘量吸收最新的知識，在每一次新的時代變遷中，都能儘快調整自己，並找到適合的位置。不進則退的人大都沉浸在柴米油鹽醬醋茶之中。當然，他們中絕大多數人都很規矩，甚至經常得到主管的表揚，可是，他們已經沒有了進取之心，退化了最可寶貴的創造意識，因此，難於駕馭新的環境，甚至都不知道怎麼跟新來的主管打招呼。

安於現狀的人往往都是平庸的人。因爲他們沒有勇氣和能力挑戰自己，只是想維護目前的利益。可是誰都知道，社會歷史是前進的，絕不會遷就你僵化的思維，於是，這些無意居安思危的人大都進入了「逆水行船」的境地。他們會經常發牢騷，抱怨社會變化得太快，甚至乾脆說社會已經變壞了。

牢騷除了能證明自己的落伍，幾乎什麼作用都沒有。關鍵在於，我們如何適應社會的變化，使自己事業的常青樹能夠枝繁葉茂。

對生活品質的追求緣於人們的眼界，眼界自然有高低之分。以前說農民最在乎自己的老婆、孩子，和門前的那一畝地。他們也羨慕都市裡的人，但是，從來不覺得自己有朝一日能那樣過生活。他們會作夢似的跟你說，昨天夢見皇帝了，皇帝正坐在金鑾殿上吃著一桌滿漢全席。他們覺得連吃滿漢大餐這樣的生活都遙不可及。不像現在的人們，靠著個人能力和投資技巧賺錢速度幾乎是翻了好幾倍。

世界上所有成名之士都是堅信「人往高處走」的人，只有志存高遠，才能勇往直前。如果想成功就立即把自己身上的細胞都動起來，原地踏步的事兒做得越少越好。你看某些公園裡那一攤攤的死水，冒泡發臭得令人感到厭惡。做人也是如此，千萬別讓自己成爲惰性氣體。當然，這跟年齡也有一定的關係。年老的人由於身體健康等的原因安於現狀有情可原，可是年輕人如果一味滿足於現狀不思進取，那幾乎可以等同於慢性自殺。

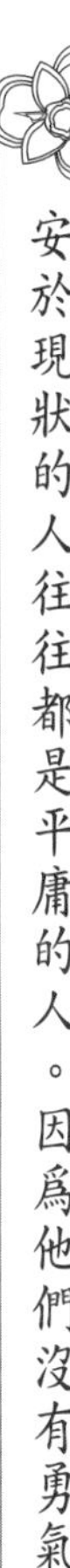

浪漫的人能賺錢

雄心勃勃的人，必能成功。這句話可謂至理名言。

「只要三餐能溫飽，要那麼多錢幹嘛？」經常聽到有人這麼說，筆者卻不以為然。這個世界上沒有人不想成為大富豪，擁有再多的錢，也不會讓人感覺困擾，也不致把人變得庸俗下流。

因此，「夠用就好，無須賺那麼多的錢」這句話是那些不會，乃至不能賺大錢的人用以自我安慰的名言。當然，縱觀古今，有不少賢人俠士視金錢如糞土，「不為斗米折腰」。這些人我們暫不列於討論之內。

說白了，人生不能沒錢。一個人沒錢，什麼事都做不了，如果想做生意，無論大小，總要有個本，不能做無本生意。而現在經常聽到做生意難的悲嘆，上去一問，往往喟嘆沒有足夠的本來投資。現今投資成風，沒有錢買股票、基金投資，只能在旁邊乾著急，眼睜睜看別人賺大把的鈔票。那種只能維持三餐溫飽的生活，實在很難受。

所以，現在經常聽到見到捧「鐵飯碗」的人辭去現職，改行從商。或許他們太衝動了，可是，如果不去嘗試的話，很可能一輩子捧著「鐵飯碗」，永遠沒有發財的機會。

話又說回來，要邁進致富之門，必須抱著破釜沉舟，永不回頭的決心，另外要有股永不服輸，不屈不撓的精神才行。「我根本不適合發財」，腦子裡一直被這個念頭佔據，又如何能抓住滑溜溜，來去匆匆的錢財呢？

此外，有一點相當重要，一個想法浪漫的人才能賺大錢。每個人都有自己美麗的夢想，每一個都想變成百萬甚至億萬富翁，都想過一種超人一等的華麗生活。

把自己的夢，理想和願望分別加以實現，便構成發財的主要動機。也就是說，爲了滿足實現自己的欲望，自然而然全力以赴想賺錢。

法國皇帝拿破崙曾說：「不想當將軍的士兵不是好士兵。」這句話的意思是對人生充滿野心的人，才會功成名就。這句話挪用到賺錢上，同樣不無道理。

雄心勃勃的人，必能成功。

超越常識，會有意想不到的好結果

把目標訂在一千萬元，是不可能得到一億元的。人活在框框的社會裡，若想忽視常理，幾乎是不可能的。但是在賺錢和生意場上，應該要有更多忽視常理的構想。

譬如，你所從事的行業只能賺到一千萬元，但你要告訴自己，一定能賺到一億元。此種想法對你相當重要，它能激發你一往向前的勇氣。

現今的年輕朋友，都夢想將來能進入一流學府，進入知名公司當主管，娶個漂亮的太太，更有的盼著進入公家機關，捧個鐵飯碗，然後過輕鬆單調的日子。

這是令人沮喪的想法。當然進入一流學府，捧鐵飯碗未嘗不可。但爲什麼不夢想自己當大企業的經營者，卻只認爲自己頂多是個主管呢？爲什麼不夢想自己能成百萬富豪，卻只安於固定的月薪呢？所以守舊的想法要改一改。

因爲，這種想法會使你無法超越常理，而局限在一個小小的範圍內。你根本就不知道，阻礙你前途的就是自己！甘心被常理套住，在小小的天地裡謀發展。

成功的商人往往能超越常理，這又可以解釋爲出奇制勝。做別人少做的事，就能產生意想不到的效果。就拿追女友來說，在眾多追求者中，如果你以奇新的形象出現，她多少會被你吸引，賺錢做生意也是如此。

在一次全美世界博覽會上，赫赫有名的漢斯罐頭食品公司被安排在會場中最偏僻的閣樓上。博覽會開幕後，閣樓上的人幾乎絕跡。在博覽會進行到第二星期，前來參觀的人常常從地上撿到一些小小的銅牌，上面刻著一行字，「撿得這塊銅牌，就可以拿它到閣樓上的漢斯食品公司換取紀念品。」這是漢斯先生的傑作。不久，小閣樓被擠得水泄不通。以那天起，漢斯的閣樓，幾乎成爲博覽會的「名勝」。

漢斯先生就運用了超越常理的方法，起到了意想不到的效果。

做別人少做的事，就能產生意想不到的效果。賺錢做生意也是如此。

財富和權力就像孿兄弟

權力的來源由於「爵」與「祿」，換言之，便是金錢與地位，俗語說的「有錢能使鬼推磨」就是這個意思。做了鬼還甘願受人驅使，金錢的力量可想而知。

也有人說：「金錢不是萬能的。」這話不能算錯，世界上到底還有一些金錢所辦不到的事，但是世界上也確實很少缺了金錢而能辦到的事，大至一國的政治經濟的建設，小至一家的柴米油鹽，處處非錢不可。雄才大略如拿破崙，南征北討，幾乎戰無不勝，攻無不克，他仍然認爲：「打仗第一是金錢，第二是金錢，第三還是金錢。」缺了錢，武器糧食都無從製造儲存，那還打什麼仗？

所以，金錢等於是權力的後盾，也是驅策人類進行各種活動的主力，一分錢，產生一分力，十分錢，便產生十分力，我們常希望國家富強，「富」字是擺在「強」字前面的，富了自然會強，不是強而後富，強而後富的是侵略弱小的國家，強而不富，則是暴斂小民的國家，多行不義，這樣的國家絕不會持久。

個人積聚了財富之後，情形也會如此，我們知道有財有勢這句話放諸四海而皆準，勢就是權力，一定會伴著財富而出現，不過一般人往往錯覺權力是一種可怕的東西，其實不然，權力可以做壞事，更能促成好事，只在握有權力的人意圖如何運用的問題。譬如你是一位富豪，辦了幾家工廠，解決了許多人的就業問題，你又用你所賺來的錢，創立或資助各種慈善事業，使社會增加溫暖和安定，這就是你把財富運用到最準確的方向，其結果必然使你在社會上建立了良好的聲望，獲得公眾的尊敬，這時候地方上許多問題，免不了有人來請教，而你排難解紛，一言九鼎，可說具有了道德範圍內的權力表徵，從此更進一步，你覺得你還有力量作更大的貢獻，那麼你可以競選民意代表，也可以從政競選縣、市長，相信你平時的確會運用你的財富為民眾謀了許多福利，當選應該是沒有問題的，那時候你便具有了法律範圍內的權力，可以襄助政府，協和萬眾。

縮小一點範圍說，你的志趣沒有那麼遠大，你只想在你本身的事業上求發展，你仍一樣可以利用你的權力做出許多好事，無論如何，你的事業總在你權力的支配範圍之下，你大可利用來改善與屬下的生活，使他們安心爲你服務。你的權力不應用作叱責而應用之於啓發與鼓勵，你有權給他們發薪水，給他們升級，這份權力用得恰當的話，會發揮無上的作用，利人利己，莫之爲甚。

總而言之，財富並不是只供個人享樂的，權力也不可以當作炫耀自己的工具，兩者善為配合，實在可以做出許多有益個人有益社會的大事。至於如何配合，當然有許多方式，遵照古訓：「利國利民」，是最簡單的一種了。

世界上到底還有一些金錢所辦不到的事，但是世界上也確實很少缺了金錢而能辦到的事。

失敗和成功只有一牆之隔

在人生的旅途中，每個人都抱負著美麗的夢想和遙遠的憧憬。隨著歲月的流逝，我們並未在自己朝思暮想之地著陸，我們或繼續漂流著，或妥協在遠離我們夢想的狹窄角落中。我們在默默無聲中渡過我們的一生，成了生活中眞的失敗者。我們還能改變這一切嗎？

打破現狀，提升自我。以改變生活現狀的強烈的欲望重新開始自己的人生之旅。只要我們去做著這一切，成功的可能已離我們越來越近。

其實，成功和失敗只有一牆之隔。打通這阻礙便可通向成功之路。不和現狀妥協，不向失敗低頭，只要稍加努力，便可得到非凡的成就。

二十世紀初，在美國亞利桑那州茲默斯頓小鎮附近儲存著豐富的銀礦。在一夜暴發的幻想中，很多人在尋找礦脈。一位男子已找尋了幾年。有一次，在一座小山的側面，他挖出了大約兩百公尺的坑道。但是，這座坑道的銀礦卻早已挖掘一空，不得已他放棄了計畫。

十年之後，一個礦山公司買下茲默斯頓地區的幾處礦區。這個礦山公司重新挖掘了當年被放棄的礦脈，就在距離廢棄的坑道一公尺左右的地點，發現了從未有過的豐富的銀礦。只一公尺的距離，卻使別人成爲百萬富翁。

伐木工砍伐大樹，砍下去的次數多達一千次，但使大樹倒下去的往往是最後一擊。有力和無力之間，勤勞和懶惰之間，精明和蠢笨之間，致富與貧窮之間，成功和失敗之間，其間只相差一點點。

有時我們過多地看到困難。時常地提醒自己：我已無法突破，何必自找苦吃。他們害怕失敗，他們相信成功只屬於少數幸運之徒，自己永遠沒有這個福分。他們安於現狀，不敢冒險。

假如你對朋友說：「總有一天，我會成爲一家大公司的經理。」而事實上你現在只是一個地位低微的小職員，你的朋友會認爲你是在開玩笑，只是隨便說說而已。甚至會認爲你不是那塊料。假如你對你的經理這麼說，又會怎樣呢？他不會一笑了之，他會很認眞地打量你，因爲他的當年亦如你今日。

如果你對你的朋友說：「要買一幢豪華住宅。」你的朋友會譏笑你：「這怎麼可能？」但如果你把這個消息告訴住在豪宅中的朋友，他不會奇怪；因爲他知道這並不是不可能的事。馬克．吐溫說過：「雖然財富不會敲每家的房門，但是大部分的情形，卻是人此時在左鄰右舍的客廳中聊天，因此沒有注意到敲門聲。」

在失敗與勝利的界限中找尋機會，再做努力，也是很容易的事情。但是多數人卻在自我滿足後停滯不前，安於現狀了。

不和現狀妥協，不向失敗低頭。只要稍加努力，便可得到非凡的成就。

試著從人生的地平線上跳起來

拿破崙的名言「不想當將軍的士兵，不是好士兵」，是對所謂「野心」的最好說明。初聽起來，「野心」一詞不好聽，但是你要知道世上成大事者都是因爲自己有一顆

「要想當將軍」的野心而最後如願以償的，其實野心就是雄心。

所謂野心是以獲得好成績的誘惑來鞭策人。從心理學的角度來看，成績有提升自我評價、增強自信心的作用，所以，強大的野心或許是靠成績隱藏自卑感的心理反應。

有時野心在生活中沒有多大用處，尤其是在你不想以特別的成績得到特殊評價時。但缺乏爭取好成績的衝勁，這對工作會產生不利影響。如果你對工作缺乏野心，將很難獲得成功。

爭取好成績的動機並非與生俱來，而是教育、薰陶所形成。這個社會以成績評定一切爲取向，老師和家長均以教導子女有強大野心爲目標。很少人警覺到強大野心對成績產生的副作用。美國科學家史奈特，曾經進行一項有趣的實驗，證實太大的野心妨礙成績的結果。

這一實驗是依不同的動機，將被實驗者分成三組，各組按照指示解決相同問題。

第一組只要自己解決完問題就沒事。這項指示引發不起任何野心。

第二組，答對了就有一萬元獎金。這項宣佈使野心開始蠢蠢欲動。

第三組，爲了刷新解答所需時間的記錄，越快答完越好，除此之外還有兩萬元獎金。明顯引發強烈野心。

由實驗結果得知，野心不大不小者的成績最好。伴隨強大野心的過度精神興奮，產生對完成能力的反作用。

強大野心不僅對成績帶來負面影響，也損害人際關係。野心大的人在達成自我目標時，有忽略他人的自私傾向。因為他集中精神在目標上，毫不關心他人。所以，一個人擁有適度的野心是有益的，一旦過度，則極有可能走向人生原則的反面，是不可取的。

你聽說過保爾·德塞納維爾這個人嗎？十有八九你沒聽說過。保爾何許人也？據他自己說，是個做什麼都不行的庸才。但是，他卻有點石成金的本領和適度的野心。有一天，他腦子裡飄起一段曲調，他便大致哼出來，並用答錄機錄了下來，請人寫成樂譜，名為《阿德麗娜敘事曲》。阿德麗娜正是他的大女兒。曲子譜好後，就在羅曼維爾市找了一個遊藝場的鋼琴演奏員為之錄音。這個演奏員不名分文，窮酸得很。德塞納維爾給他取了個藝名，叫理查·克萊德門……往後的事，不說你也知道了吧！唱片在世界上一下子賣了幾千萬張，德塞納維爾輕而易舉地發了財。他說：「本人不學無術，對音樂一竅不通，不會玩任何樂器，也不識樂譜，更不懂和聲。不過我喜歡亂哼哼，哼出些簡單的、大眾愛聽的曲調。」

德塞納維爾只作曲，不寫歌，他的曲子已有數百首，並且流行全球。二十年來，德塞納維爾靠收取巨額版稅，腰纏萬貫。

對於德塞納維爾的成功，他自己解釋為適度的野心帶來的連續的好運。做任何事情他都想獲得成功。一九七八年，他花了二十八萬法郎買了一匹馬，幾個月之後贏得了美洲獎，淨得獎金兩百萬法郎。一九九二年，因為走錯了門，他在一間錄音室裡無意中遇上了一個吹長笛的阿根廷人，名叫迪戈・莫德納。他看見莫德納的脖子上掛著一個鴨蛋形的小樂器，挺奇特的。這種小樂器名叫「陶笛」，德塞納維爾從未見過，也未聽過，於是他讓莫德納表演一下。他當機立斷，僱用莫德納。結果以在樂隊伴奏下的大提琴與陶笛協奏曲灌製的唱片《陶笛之聲》共賣出一百多萬張。唱片中的十二首曲子全部都出自德塞納維爾之手。不管你服氣不服氣，他確實取得了巨大的成功。

那如何才能使自己擁有適度的野心呢？下面十個建議或許對你有所幫助。

第一，不要對成功抱太大的期望。設定可能達成的實際目標。

第二，沒有強烈動機反能完成更多事，由此可知，野心應符合自己的個性，不必強求。

第三，周圍的人對自己的期望不太滿意時，往往會失去自信，偶爾會有更大的野心。因此，首先要檢討對自己的要求是否「合乎實際」，如果超過實際，必須立刻改進。

第四，過大的野心會影響健康。目標訂得太高，被不可能實現的強烈野心侵蝕，結果容易患腸胃潰瘍等疾病。

第五，現實地設定能夠獲得成功的目標，而且儘量以得到顯著成果爲主。

第六，獲得成功的同時，不要輸給「勝利效應」，也就是不要在勝利的榮譽中沉溺太久。

第七，付出極大努力換來的成功並無妨，但是不要持續爲取得好成績而給自己施加太大的壓力。

第八，偶爾要找個時間放鬆一下，「跳出努力的圈圈」。唯有這麼做才能把能力發揮到最高點，沒有人能夠永遠維持能力處於高峰狀態。

第九，勿採用消耗過多能力的方法，如此只會得到「拚命三郎」的稱號。

第十，通常成功會加速下一次的成果出現，但只有保持平常心才能保證不退步且維持好成績。

適度的野心是成功的動力。

如果你對工作缺乏野心，將很難獲得成功。

趁著年輕多闖闖

或許有些人生性就是茫然沒有目標，對工作怎麼也提不起興趣。

當今是個豐衣足食的時代，也可以說是個讓人喪失強烈願望與目標意識的時代。只要你有工作就有薪水，也就不用擔心餓肚子。愈來愈多人在工作上敷衍了事，只重及時享樂，面對這樣的現象我們只能徒呼奈何。沒有遠大的理想、沒有目標意識，是無法闖出一番名堂的；但生存在如此優越的環境下，的確叫人很難有嚮往成功的意志。

所以我們要懂得自我砥石厲，必須要有「不入虎穴，焉得虎子」的精神。縱使我們從未有過生活困難的經驗，不過你可以試著將自己置身於飢餓的狀況下，想像沒有東西吃的感覺，將會有令人意想不到的力量自你的內心湧出來。

舉例而言，當你決定要出門旅行，不要淨想著住一流的大飯店、乘遊艇四處遊山玩水，只要帶著一張單程票，逕自前往陌生的地方，或者是獨自到山上露營一星期或一個月，看看這樣的旅行會有著什麼樣的際遇。在沒有預期又無援的狀況下，人的生存本能會被激發出來，或許會領悟出屬於你自己的一套生活哲學。

總之，在現代這種社會，你不能等著別人從旁推你一把，你要將自己推倒，在爬起來的過程中才能發現生命的本質。

雖然談到我們要有「不入虎穴，焉得虎子」的精神，但如果到了五六十歲才要冒這種險就太晚了，要冒險還是得趁十幾歲二十幾歲的時候，多出去闖闖，掌握到自己的人生目標後，三十歲開始穩固基礎，到四五十歲時便以「成為一個有錢人」作為目標；像這樣的生活規劃是必須的。

無論怎麼說，只要你想成就一番事業，基本上自己要去激發對工作的那一份狂熱，不斷努力奮鬥，逐步達到目標。

不能等著別人從旁推你一把，要將自己推倒，在爬起來的過程中才能發現生命的本質。

冒險伴隨運氣

每當被問及哪種人能在事業上獲得成就，我總是回答「具有冒險精神的人」。這裡所說的「具有冒險精神的人」，也就是指企圖通過工作完成自我實現爲目的的人。

一般上班族可區分爲兩類，一類是：「工作純粹是爲了糊口，至於生存價值，則於工作外的生活情趣中去追尋。」另一類是：「工作當然是爲了達到自我實現，有工作人生才有意義。」

前者不論從哪方面看都是志在安定，在工作方面不希望有太大的變動；後者則在立定目標後，便運用巧智在工作上朝向自我實現而努力。毋庸置疑地，能享有事業成就的人非後者莫屬。

具有冒險精神的人總想要打破既有的狀況，重新創造出一些新事物。本身雖然用的是「打破」一詞，但並非把先前的東西都破壞掉，而是將過去的事物加以變化、革新，不斷創造出新的東西出來。嚴格說起來，「破壞兼創新」正是冒險精神的宗旨。

現有的工作內容一成不變地做下去，是不會有任何變化的；但是既成的事物如何能加上一點改革，就會產生變化，而只要有變化，一定就有商機。

要加以改革、創新，或許你會以爲這要費很大的工程，其實也不是那麼難。舉例而言，如果你是業務主管，面對既有的管道，你不會再有什麼大作爲了，爲何不嘗試別的管道，或者想想有沒有別的銷售方法，並且將之付諸實踐，能夠像這樣實踐嶄新方法的人，便具備了冒險精神，遲早會獲得成功。

然而，同樣是在商場上，有的人生性保守、不喜變化，有的人富有冒險精神，不時想改革、創新氣象，這樣的性格差異究竟是怎麼造成的呢？我想，其最大的差異應該就在有沒有目標吧！

對自己的人生抱有明確目標的人，絕對不會把人生當中最花時間的工作當作是「僅爲了糊口所採取的手段」，他會努力設法透過工作去達成自己的目標，因而能擁有成功的事業。再則，即使碰上了一些阻礙，也會因爲心中抱定了人生重要目標而能安然克服。這「目標意識」在追求成功的道路上是極其重要的一個條件。

只是不同於舊社會普遍貧困的現象，現代人在生活上已多能獲得一定程度的滿足，要求他們懷抱「目標意識」就顯得有些困難。因爲不用擔心沒東西吃或沒錢吃飯，日子也就渾渾噩噩地過一天是一天。

這提醒了我們有必要好好去想想，自己的人生目標與意義究竟在哪裡？「對你來說，人生的目標是什麼？」「你想透過工作達到什麼目的？」——當被人問及這樣的問題時，能夠明確說出自己的目標的人，便能在事業上有所成就。

具有冒險精神的人總想要打破既有的狀況，重新創造出一些新事物。

時時要有危機意識

中國有一句俗話說：「生於憂患，死於安樂。」意思是：「人要有憂患意識！」用現在的話來說，就是要有「危機意識」！

一個國家如果沒有危機意識，這個國家遲早會出問題；一個企業如果沒有危機意識，遲早會垮掉；個人如果沒有危機意識，必會遭到不可測的橫逆。

未來是不可預測的，而人也不是天天走好運的，就是因爲這樣，我們才要有危機意識，在心理上及實際作爲上有所準備，應付突如其來的變化。如果沒有準備，不要談應變，光是心理受到的衝擊就會讓你手足無措。有危機意識，或許不能把問題消滅，但卻可把損害降低，爲自己打造生路！

伊索寓言裡有一則這樣的故事：有一隻野豬對著樹幹磨牠的獠牙，一隻狐狸見了，問它爲什麼不躺下來休息享樂，而且現在沒看到獵人！野豬回答說：等到獵人和獵狗出現時再來磨牙就來不及啦！這隻野豬就是有「危機意識」！

那麼，個人應如何把危機意識落實在日常生活中呢？

首先，應落實在心理上，也就是心理要隨時有接受、應付突發狀況的準備，這是心理建設。有了心理準備，到時便不會慌了手腳。

其次是生活中、工作上和人際關係方面要有以下的認識和準備：

人有旦夕禍福，如果有意外的變化，我的日子將怎麼過？要如何解決困難？世上沒有「永久」的事，萬一失業了，怎麼辦？人心會變，萬一最信賴的人，包括朋友、夥伴變心了，怎麼辦？萬一健康出了問題，怎麼辦？

其實你要想的「萬一」並不只說的這幾樣，所有事你都要有「萬一……怎麼辦」的危機意識，並未雨綢繆，預做準備。尤其關於前程與一家人生活的事業，更應該有危險意識，隨時把「萬一」擺在心裡。人最怕的就是過安逸的日子！

不知你現在的狀況如何，是憂患？還是安樂？憂患不足畏，應擔心的是安樂！

沒有危機意識，必會遭到不可測的橫逆。

第4張入場券：害怕冒險

膽怯

力求安穩，害怕變化，缺乏冒險精神和挑戰自我的勇氣。

富人膽子大

成功的商人常說：要牢牢抓住生意場上的機會，要有敢於刀頭舔血的氣魄。所謂敢刀頭舔血，說穿了，也即敢於承擔風險。在太平天國失敗以後，胡雪巖辦「錢莊」，透過接受太平天國兵將的存款來融資的舉動，就擔了極大的風險。

胡雪巖做出吸收太平軍兵將存款的決定，自然有他自己細緻的考慮，首先是這一舉動確實有它的可行性。太平軍佔據江南富庶之地已歷數年，他們中的許多人一定從各種來路積蓄了不少的私財。如今太平軍已成苟延殘喘之勢，他們中的一些人已經開始暗地裡盤算著如何躲過這場劫難。對於太平軍兵將來說，這個時候是保命容易保財難，而他們只要保住財產，逃過這場劫難之後，風頭一過，局勢一定，後半輩子也就可以衣食無虞，這些人的財產當然是變成現銀存到錢莊裡最保險。

不用說，接受逃亡太平軍兵將爲隱匿私產存到錢莊的錢款，風險也是存在的。其風險有二。

第一，按朝廷律例，如太平天國兵將者，自然是「逆賊」。既是「逆賊」，其家財私產便是「逆財」「逆產」，照理不得隱匿。接受逆產，私爲隱匿，一旦查出，很有可能被安上通「逆」助「賊」的罪名，與那些太平軍逃亡兵將一同治罪。

第二，太平軍逃亡兵將的財產既是「逆財」「逆產」，抄沒入公則是必然的，被抄的人倘若有私產寄存他處，照例也要追查。接受這些人的存款，如果官府來追，則不敢不報。雖然官軍中不乏貪財枉法之輩，自己搜刮太平軍私財不報，因而客觀上使一些太平軍兵將可以逃過官府抄沒家產的追查，但儘管如此，也不能完全排除有些人要一查到底的可能。這樣，一旦查出，即使不被安上接受「逆產」的罪名一同治罪，存款也必被官府沒收。按錢莊的規矩，風平浪靜之後有人來取這筆存款，錢莊也必得照付，如此一來，錢莊不僅血本無歸，還要「吃呆帳」。

這兩層風險，接受太平軍逃亡兵將的存款，也就確實有點類似刀頭上去舔血了。但是這筆「買賣」風險大獲利也大，因為這樣的存款不必計付利息，等於是人家白白送錢給你去賺錢。

因此胡雪巖仍然決定要如此做去，這就是他說的：「商人圖利，只要划得來，刀頭上的血也要舔。」

敢於刀頭上舔血，這確實是一個希望獲得大成功的商人的必備素質。這裡的原因其實很簡單，沒有風險的生意人人會做，利益均沾，要在同行同業中出類拔萃實在是難之又難，弄得再好，大體上也不過只是保本微利，混個糊口好上一點點，用胡雪巖的話說，也就是「不冒風險的生意人人會做，如何能夠出頭？」從某種意義上說，事實上所有能夠帶來滾滾財源的機會，都會包含有風險的成分，即如胡雪巖要學山西票號借款給那些調補升遷的官員，表面看來似乎沒有什麼風險，而實際上仍然擔著風險，那些新官上任，也有可能在到官途中或到官不久就出了事，比如病死，比如丟官，兵荒馬亂之中，什麼事情都可能出現，要是這樣，借出去的錢也可能血本無歸。

說到底，沒有不擔任何風險的生意。而且，商場上一筆生意能得利潤的多少，往往與經營者應承擔的風險大小成正比，所擔風險越大，所得利潤越多，所謂「撐死膽大的，餓死膽小的」，這似乎是商場一條古今一理、中外相通的法則。

要做一個能賺大錢的成功商人，必須有過人的膽識和氣魄，簡單說來，也就是要敢做別人想不到去做，或者想了但不敢去做的事情，特別是，能察人之所未察，在人所共見的風險中見出人所未見的「划得來」，並且只要看準了就敢於去承擔別人不敢承擔的風險。

要牢牢抓住生意場上的機會，要有敢於刀頭舔血的氣魄。

將自己推到人生的激流中央

人生就像一條河流，時有旋渦，時有平緩，時而湍急，你在河流當中，可以選擇較安全的方式，沿著岸邊慢慢移動，也可以停止不動，或是在旋渦中不停打轉。另一方面，如果你有勇氣接受挑戰，則也可以游向危險的河中央，突破重重險阻難關，直奔目的地。

因此該游過去還是停下來呢？人的一生將面對無數這一類的抉擇。膽怯、害怕變化的人寧可留在自己熟知的環境中，而勇敢積極前進的人，則會將困難當做磨煉而加以接受，向河中央游去，投身於未知的世界。就這樣在不知不覺中，二者間拉開了距離，前者只能眼巴巴地看著別人成功。

把握住機會，接受變化的挑戰皆可加速你的成功。打一個最簡單的比方，公司賦予你重大任務，即表示重用你，你應借機好好表現一番，即使工作十分艱苦，最後亦將苦盡甘來。

學會將自己推到人生的激流中央吧，這樣你將擁有更多成功的機會，你也將比別人更快地走向成功。

膽怯、害怕變化的人寧可留在自己熟知的環境中，而勇敢積極前進的人，則會將困難當做磨煉而加以接受。

不冒險隱藏著極大風險

人們的冒險精神似乎是隨著年齡增長而逐漸消退的，一方面是由於人們在經歷失敗與錯誤後，本能上會產生挫折感，因而洩氣，如果沒有適度的激勵因素，那麼就會傾向減少冒險嘗試；另一方面是傳統的教育觀念造成。長者基於保護幼者的心理，小孩子一旦做出任何危險行爲，馬上會受到大人們的譴責，因而養成安全至上、少錯爲贏的習慣。隨著年齡的增長，逃避風險便成爲一種習慣，雖然規避風險並不是壞事，但是過度的規避風險，就會成爲投資理財的嚴重阻礙。

其實每個人都是敢冒險的，每個人也都曾經有過大膽冒險的經驗。在幼兒時期，我們經由不斷地跌倒、爬起，才學會走路。年紀稍長學騎自行車，也是不斷地摔倒、爬起，最後才能隨心所欲地駕馭汽車。人生的大部分技能，例如：游泳、溜冰、開車、公開演講……等等，沒有一項是與生俱來的本能。想學會這些技能，一定要經過冒險的階段，嘗試再嘗試，才可能學會。想學好投資理財，亦不例外，一定得經過這段標準的冒險過程。今天想成爲一個成功的投資人，就必須先摒除一味規避風險的習慣，重新拾回失去的冒險本能，進而培養健康的冒險精神。

未來的世界變化快速，不論在企業、經濟、金融、政治、社會等各層面，必然會加速變化，且整個理財的環境會變得更複雜。可以預見，未來的財富重分配亦必然加速進行。規避風險是人類的天性，在過去的經濟形態，你可以不冒險，安安穩穩地過日子，但面對未來多變的投資環境，不冒險反而變成是冒最大的風險。

風險使人們遲遲不敢投資，與致富失之交臂。將錢存在銀行，似乎是蠻安全的。但根據前述分析，通貨膨脹將嚴重地侵蝕金錢的實質價值，因此，就理財的觀點而言，將錢存在銀行也是冒大的風險，因爲在三四十年後，當周圍的人，都因爲理財得當，而成爲富人時，只將錢存在銀行的人，可能因經濟能力不佳，而危及生活。值得正視的是，風險其實沒有那麼可怕，冒有高報酬率的風險絕對值得。

並非所有的風險都會招致滅頂之災，只是當人們到了自認爲有資格理財的年齡時，冒險精神已大不如前。

小時候、幾乎所有的人都能學會走路，稍長一點，學會騎自行車的也不在少數，可是年紀再大一點，學會游泳、溜冰等較具冒險性活動的人，就明顯減少，成年之後，敢當眾演講的人，當然就更少了。

如果你寧願保守度日，那麼最好要有心理準備，你將終生平庸，而且面對他人經由冒險得來的財富不要心理失衡。如此，平庸而快樂地過一生也很好，選擇權在你手中。

如果你寧願保守度日，那麼最好要有心理準備，你將終生平庸。

不入虎穴，焉得虎子

「不入虎穴，焉得虎子」，是創造機會的最佳寫照。想創造機會，卻不想冒風險，那是不可能的。勇於創造機會的人清楚知道風險在所難免，但他們充滿自信，在風險中爭取事業的成功。

什麼是風險？風險是由於形勢不明朗，造成失敗的機會。冒風險是知道有失敗的可能，但堅持掌握一切有利因素，去贏取成功。

風險有程度大小的區別。風險愈小，利益愈大，那是人人渴望的處境。勇於創造機會的人會時刻留意這種有利的機會，但他們寧願相信，風險愈大，機會愈大。勇於創造機會的人不會貿然去冒風險，他會衡量風險與利益的關係，確信利益大於風險，成功機會大於失敗機會時，才進行投資。勇於創造機會的人甘願冒險，但從不魯莽行事。

風險的成因，是形勢不明朗。若成功與失敗清楚擺在面前，你只需選擇其一，那不算風險。

但當前面的路途一片黑暗，你跨過去時，可能會掉進陷阱、深谷裡，但也可能踏上一條康莊大道，很快把你帶領到目標中去。於是風險出現了。

前進或停步，你要做出抉擇。前進嗎？可能跌得粉身碎骨，也可能攀上高峰。停步嗎？也許得保安全，但也許錯過大好良機，令你懊悔不已。

爲什麼形勢會不明朗？原因有三個，首先因爲有些事情是我們無法控制的。石油危機、中東戰爭等，你能控制它不發生嗎？其次，我們缺乏足夠的資訊，無法做全面正確的形勢判斷。

此外，我們有時需在緊迫的時刻，匆忙做出決定，形勢發展，不容許我們有充裕的時間去詳細考慮。冒風險，就要預備付出失敗的代價。

在哪方面要作好付出代價的心理準備？首先是客觀環境，包括世界經濟、政治形勢的變化，科技的革新、政府政策的改變等，這些因素是我們無法控制的。

在個人方面，勇於創造機會的人要面對財務、職業、家庭、社交、情緒等的風險。

在財務方面，勇於創造機會的人可能把一生儲蓄拿出來投資，或者向銀行、親友借貸，一旦投資失敗，可能血本無歸，甚至欠債累累。

在職業方面，勇於創造機會的人往往辭去現有職務，全力投入創業工作。他要放棄穩定的收入、升遷的機會。如果創業失敗，被逼做原來的工作，他就損失年薪。若轉做其他工作，多年累積的工作經驗可能派不上用場。

在家庭方面，勇於創造機會的人辛勤工作，在創業初期，一天工作十多小時，天天如是，沒有休息，難免會影響家庭生活，冷落了妻子或丈夫，疏忽了兒女，未婚的可能沒有時間談戀愛。

在社交方面，爲了全神貫注工作，勇於創造機會的人都減少甚至沒有時間和朋友相聚，漸漸和朋友疏遠。不過，在創業的過程中，會認識其他朋友，這點或可彌補社交上的損失。

在情緒方面，創業者需長期面對巨大的工作壓力、可能失敗的壓力，長期在高度緊張的狀態下工作。許多業務困難，非要他親自處理不可。種種壓力，造成情緒上、心理上巨大的負擔，容易產生焦慮，造成神經衰弱。

勇於創造機會的人事前預計到種種可能招致的損失，對自己說：「情形最糟，也不過如此！」然後拚盡所能，去實現目標，即使失敗了，心裡也覺坦然，對自己、對別人無愧。勇於創造機會的人不會怨天尤人，自怨自艾，推卸責任；他會總結經驗，吸取教訓，看準時機，再行開創自己的事業。

若成功與失敗清楚擺在面前，你只需選擇其一，那不算風險。冒風險，就要預備付出失敗的代價。

善於把握機會

一些今天人人稱羨的發明家、企業家，和一般人最不一樣的地方在於，他們勇於用創新的角度思考，並且積極掌握機會，讓他們的人生和事業，獲得跳躍式的成長。

一九七二年，美國民主黨大會提名麥高文競選總統，對手是尼克森。但是在這次大會中，麥高文宣佈放棄他的競選夥伴參議員伊高頓。

一個十六歲的年輕人看到這個機會，立刻以五美分的成本，買下全場五千個已經沒用的、麥高文及伊高頓的競選徽章及貼紙。然後，他以稀有的政治紀念品爲名，馬上又以每個二十五美分的價格，出售這些產品。

這個年輕人成功的因素在於他對於機會非常敏銳，迅速把握。這次行動雖然沒有造成產業的突破性發展，然而，就是這樣的精神，使得這個年輕人日後能看到其他人沒有看到的機會。

這個年輕人，就是今天全球的首富，創立微軟的比爾蓋茲。

事實上，除了比爾蓋茲之外，還有很多影響人類生活的發明，例如微波爐、原子筆等產品，都不是專業人士的傑作，而是一些「普通人」的神來之筆。這些發明使得人類的生活發生極大的改變，更使發明者成爲人人羨慕的創業家。這些人與一般人不同之處在於，他們能從創新的角度思考，在自己的人生以及事業上追求突破，才能達到今天的成就。

要達到創新的思考，並不需要像愛因斯坦或是其他偉人一般，摒棄一切傳統的看法。亞伯拉罕在新書《突破現狀，創新思考》一書中指出，要在事業或生涯上創造突破，秘訣是更聰明地做事，而且更努力工作。要更聰明的做事，就要學會創造性地思考，並且努力落實這些想法，才能創造突破。

很多人以爲成功是一小步一小步慢慢累積來的，其實這是錯誤的觀念。但大多數人深受這個觀念的影響，將它應用在生活和工作上，爲了每天一點點的改進而感到高興。事實上，它很可能是扼殺你成功的因素。

這個觀念讓你爲了工作不斷努力，總以爲自己做得還不夠。然而，你有沒有想到，如果只是循著前人的模式前進，那些偉大的產業領導人怎麼可能成爲領先者？一小步一小步地做，或許是最安全的方式，但反過來想，爲什麼不跳過那些階梯，創造跳躍式的突破？

一般人總以爲跳躍是危險的，但事實上，跳躍也可以安全而快速。要創造跳躍式的突破，首先要捨棄目前慣有的商業模式，找尋周遭被忽略的機會，並且學習其他產業創新的經營模式及想法。觀察其他產業的經營模式之後，或許你會很驚訝的發現，很多原則應用到你的產業，這同樣適合。最後，你將發現，花同樣的時間、人力及資本，卻可以達到更好的結果。

例如，大多數人都對麥當勞的創立人雷·克羅克的名字耳熟能詳，但實際上，雷·克羅克並不是最先創立麥當勞的人。麥當勞最先由麥當勞兄弟所創立，但是他們未能預見麥當勞的發展潛力，因此他們將麥當勞的觀念、品牌以及漢堡等產品，賣給從事銷售工作的雷·克羅克，讓他繼續經營。

雷．克羅克以獨特的行銷策略，將麥當勞發揚光大，變成今天規模數十億美元的龐大企業。雷．克羅克抓住了麥當勞兄弟原先忽略的機會，改變原有的經營模式，因而創造了自己事業生涯上的突破。

如果你以爲，那些成功創新的人，一定都是絕頂聰明的人，那你就錯了。事實上，大部分的事業突破，都是一般人在現有心智模式下產生的。關鍵不在你夠不夠聰明，而在於你的態度：你是否願意抓住機會，善加利用？

很多人以爲成功是一小步一小步慢慢累積來的，其實這是錯誤的觀念。

爲了每天一點點的改進而感到高興。事實上，它很可能是扼殺你成功的因素。

敢於跳下去，就不怕被淹死

賺錢，賺錢，賺錢。這是許多人夢寐以求的夢想，但大多數人卻只有夢想沒有勇氣。錢，那是唯一的陽光，它照到哪裡，哪裡就亮。它沒有照到的地方，就是你看到唯一發黑的地方。以錢搏錢是最便捷的生財之道，但也是最具風險的一條道路。美國人稱風險資本是一種貪婪的事業。今天，美國的風險資本已成爲金融事業中最熱門的行業。

顧名思義，要在風險資本這一行業中下水，購買高風險的債券，的確是要冒很大的風險，遠不如購買、投資不動產、石油、天然氣等保險，風險投資常常有半數的把握，很容易就把自己給賠進去了。

然而，股票交易之所以吸引著千千萬萬的人來這裡涉足，主要原因就是：風險與機遇並存，賠進去容易，要賺到一筆鉅款也容易。人們就是被這種渴望走運，渴望賺進巨大財富的欲望之火燒烤著，撩撥著，一批批人投入資金，或賺或賠。賺了的心花怒放，喜笑顏開，賠了的撕心裂肺，痛不欲生……

而風險投資，高風險債券則以更大刺激性吸引著人們。有人說，你若想在一年之間由一個窮光蛋成爲一個百萬富翁，那就去購買高風險債券吧，它會讓你實現自己的理想。其實，如果依此類推，你若想在短時間內由一個百萬巨富變成一個窮光蛋，那麼，風險投資也同樣會滿足你的。

這是一項充滿了魅力的事業，從事這一事業的人也是一些富有魔力的人。

風險資本是一種貪婪的事業。

世上無難事，只怕有心人

成功是產生在那些具有成功意識的人身上。失敗根源於那些不自覺地讓自己產生失敗意識的人身上。

是的，「大部分人」會說這套學說太玄妙，太理想化，太「不可能」。正因如此，「大部分人」都半紅不黑，既不太窮，亦不發達。「這大部分人」的思想，從社會學、統計學的角度來看，是「正常」。不窮不富，一日三餐，稍有存款，時有欠債，的確是「大部分的人」的「正常」生活。改造命運，自我創業，不爲「不可能」這個辭彙難倒，不受大眾意識所牽制，在人類歷史長河中常常是「絕少數人」的思想、心理和行爲。從社會學、統計學的角度來看，壓根兒就是「不正常」的。你願意過著「大部分人」那「正常」的生活，還是要擁有「絕少數人」那「不正常」的成功生命？你願意做一個被存在主義描述爲無面無目、無主宰的「群眾」，還是要做一個有見地、眞正有生命的「主宰」？

創業成眞，是件偉大的事情！

失敗根源於那些不自覺地讓自己產生失敗意識的人身上。

下定決心的竅門

沒能累積財富滿足所需的人大多有個毛病，就是耳根子軟，容易受人左右。他們任由報紙雜志和街談巷議來替自己思考。輿論是世界上最不値錢的商品。每個人都有一籮筐的看法，隨時準備加諸於接受的人身上。如果你下決心的時候受人左右，做哪一行都不會出人頭地，要化渴望爲金錢，尤爲不易。

如果你任由他人的意見來左右你，你就沒有自己的渴望。

你開始將書中所述的原理付諸行動，下定決心，並且堅持到底的時候，要保持你自己的看法。除了「智囊團」成員以外，誰的話都不要輕信，並且在選取團員的時候，要確定只選擇會和你同舟共濟同仇敵愾的人。

親戚朋友總是在無意之中，借著「意見」和偶爾的嘲弄取笑別人，本意或許是幽默，結果則不然。千百萬男女身懷自卑情結終其一生，只因爲某位本意不壞、卻有欠考慮的人，借著「意見」嘲弄諷刺，摧毀了他們的自信。

你有自己的頭腦和心智，運用好了，自己做決定。如果你需要別人提供資料詳情，才能下決心，就要不動聲色，要不著痕跡，不要說穿自己的目的，悄悄取得所需的資料，探究事情的眞相。

一知半解的人總是愛給人留下無所不知的印象。這一種人話總是說得太多，聽得太少。眼睛要睜得雪亮，眼觀六路耳聽八方，如果你想養成迅速做決定的習慣，就免開尊口。話說得太多的人往往一事無成。如果你說的話比聽別人說的多，不只是剝奪掉聆聽的機會而已，你也向那些因爲嫉妒你、而樂於打敗你的人，透露了自己的計畫和目的。

還要切記，在一個學養俱佳的人面前，你每一次開金口，就無異於向對方展示你的內涵。眞正的智慧往往是在緘默謙和中沉潛彰顯的。

別忘了一個事實，和你合作的每一個人都和你一樣，也在追尋財富。如果你太大方地公開談論自己的計畫，結果可能會驚訝地發現，別人已先下手爲強，把你的計畫付諸行動，以打擊你，讓你達不到目標，而這份計畫正是你當初大放厥詞而不智地張揚出去的。

爲了要提醒你自己遵守奉行這一則忠告，最好將下列警語用大字抄寫在天天看得見的地方，這會裨益不小：「讓全世界的人知道你打算做什麼，但是要先做出一點成績展現出來。」這不外乎是說：「少說話，多做事才算數。」

能迅速下達堅定決心的人知所取捨，取得所需也往往如探囊取物。社會各階層、各行各業的領袖下起決心來，都既堅定又迅速。唯有如此，他們才會成爲領導人。言行知所棲止的人在這個世界上，才能找得到可以立足的一席之地。

一個人往往在年輕的時候，就養成遲疑不決的習慣。一路從小學、中學，甚至到大學，缺乏確切目標和惡習已日漸積重難返。

拿不定主意的習慣會跟隨在校的學生走入他日後選擇的職業裡，一般而言，初入社會的年輕人，會去找到任何一份差事做。因爲他已習慣於遲疑不決，所以他會接受找到的第一份工作。如今有九十八%的人之所以做受薪階層的工作，是因爲他們缺乏謀劃明確職務的堅定決心，也缺乏選擇雇主的知識。

拿定主意始終需要勇氣，有時需要的勇氣極大。當初美國簽署《獨立宣言》的五十六個人在簽下自己姓名的時候，也在這個決心上，以自己的身家性命下了注。下定決心要爭取到一份工作的人不會在這樣的抉擇裡賭上性命；要求人生付出所有代價時，也不必卯上自己的生命；下的賭注是個人經濟上的自由。

對於那些拒絕希冀、財務獨立、財富、值得爭取的事業、職務上的高位的人和不爲之著手規劃的人，以及不把這些看在眼裡的人，殷切渴求財富的人，一定可以累聚財富。

能迅速下決心的人知所取捨，取得所需也往往如探囊取物。

別太計較後果

漠不關心指的是冷漠：「我一點也不在乎，它跟我無關。」相反的，不介意卻意味著：「我會盡一切可能，我會抱著希望，我會努力並集中精神，我會盡全力去追求成功。但是，如果我沒有成功，也無所謂。」

不介意創造了心情上的自在。它意味著緊緊抓住，卻輕輕放開。它暗示著，全力以赴，真正在乎，但同時也願意完全不計較後果。

介意創造出恐懼，擋住了你的去路：萬一我輸了怎麼辦？萬一這筆交易沒有達成怎麼辦？萬一我被拒絕了？萬一，萬一，萬一……你認爲一切都必須按照你想要的方式發展，沒有任何變通的想法，造成了莫大的壓力，一切全靠你的成功而定。

從另一方面說來，不介意卻像魔術一樣奏效。它容許你在努力中得到樂趣，享受過程。它給了你所需要的信心，幫助你做到了你所做的任何事。它將壓力拿掉，不論結果如何，你都贏了。無憂無慮的舉動幫助你把焦點放在目的上，它幫助你不要擋住自己的路。你的內心很清楚，即使結果與期望不合，也無所謂。你不會有事，你會學到經驗，下次你將會做得更好。

這種接納態度幫助你在你的道路上走向下一步。你不但會因爲失望或懊悔而感到失落或動彈不得，反而可以信心十足、充滿樂趣地向前行。

人們聽到的藉口從「我怕我沒有時間」，到「我怕我做不到」，到「我怕人們不知道會怎麼想」都有，恐懼是我們生活中最悲觀的情緒。

比方說，今天比過去有更多的理財機會，可以提供給那些想要一個機會，以及開放心胸想做一點不同事情的人。有無數兼差：以家爲基地的事業，把普通人變成百萬富翁。這些事業有許多都輕鬆有趣，每週只要花幾個小時。此外，這些事業有許多只需要很少的創業資金就可以加入，而且不需要經驗。

那麼問題出在哪裡呢？只有一個，而且你大概已經猜到了。通常，恐懼和憂慮是夢想最大的掠奪者。

如果你決定聽從本書的建議，會發生什麼事？就算做個實驗好了，建議你試試下面這項策略。我們預測，只要你從意識中放逐憂慮，同時選擇一項可靠、財政穩固、以家爲基地的事業，你每天只要花一小時，就可以經濟獨立了。你不必辭職，改變生涯，或者是冒很大的風險。

唯一要把握的是，你必須眞的每天花一個完整的、不被打斷的一小時時間，做那份事業的關鍵工作，你必須毫無恐懼地度過這個小時！你必須不怕後果，不怕他人會如何看待你，不怕過去的失敗，不怕你沒有太多時間，也不怕你正在做的事不符合你的本性，不怕任何事情。

如果這份事業最重要的部分是打電話，那麼你就必須用精神較好的時候去打那些電話。你不必比約定的一小時多花一分鐘，可是爲了給這項實驗一個機會，你必須誠實地付出一小時時間。如果你挑選你所喜愛的事業，而且誠心地將這一小時用來做這份工作的關鍵部分（不只是忙碌的工作），那麼不出兩年，你就會步上軌道，完全經濟獨立。

花一點時間調查外面有什麼，四處問問，要願意做一點不同的事，保持一顆開放的心，不要憂慮！

恐懼和憂慮是夢想最大的掠奪者。

第5張入場券：愛發牢騷

牢騷

給失敗尋找種種藉口，遭遇挫折便一蹶不振，在懷才不遇的錯覺中抱怨不休。

窮神的寵兒

整天抱怨瑣碎事情的人，賺錢機會永遠降臨不到他們頭上。

有些人，不管處於什麼樣處境，都能發揮自己的優勢，化不利爲有利。相反，有些人卻是化有利爲不利。

這些人最大的兩個缺點就是：嘮嘮叨叨抱怨現實、人際關係消極。他們一輩子生活在瑣事當中，或者是孤獨一生，永遠賺不到大錢，賺錢的機會也不會降臨到他們的身上。總之，窮神會經常光顧他們，變成窮神的寵兒。

本身有些朋友，一見面，就大吐苦水。

「最近內人生病，爲照顧孩子忙得團團轉。」

「我同太太吵架，幾天不說話了。」

「我們公司那幫人都是豬頭，沒文化，而我偏偏要在裡面周旋。」

「某某人借錢至今沒還。」

每每聽到這些話，總讓人的心情好不起來。

這些人看來囉囉唆唆，一遇到不順的事情就嘮嘮叨叨，被感情控制住了。自然，賺錢的機會也不會降到他們身上。

一個能夠在一切事情十分不順利時咬著牙關的人，要比一個遇到艱難，意志就要崩潰的人佔著許多便宜。一個能夠在一切事情與願望相背時微笑的人，顯示出他有勝利的條件，因爲這種樣子，普通人是不能夠辦到的。

有許多人往往不能達到他們能力範圍以內的成功目的，就因爲他們是那些敗人事業的感情俘虜。憂鬱、嘮叨、頹廢的人，在社會上佔不到地位。沒有人願意跟他在一起，每個人見了他，都會敬而遠之。

假如你能堅決拒絕招待那些奪去你快樂的魔鬼；假如你能緊閉你的心扉，而不讓他們闖進，假如你能明白，這些魔鬼的存在，只是你自己賦予他們的，那他們自然不會光顧你了。而光臨你的會是幸運的賺錢之神。

憂鬱、嘮叨、頹廢的人，每個人見了這種人，都會敬而遠之。

走出懷才不遇的悲嘆

懷才不遇者處處皆有，這種人普遍的現象是牢騷滿腹，喜歡批評。有時顯出一副抑鬱不得志的樣子。好像別人總欠著他什麼。

或許，他們中眞有懷才不遇者。因爲客觀條件無法配合。「虎落平陽遭犬欺，龍遊淺灘遭蝦戲」，但爲了生活，又不得不屈就其中，這種痛苦確實難以忍受。

難道天下才華橫溢的人都會落入這一深淵嗎？事實並非如此。因爲眞正有才能的人常自視過高，目空一切，看不起不如他的人。可是，社會上的事有時非常複雜，並不能因爲你有成就就可以任意地放縱自己。總有人看不慣你的自命清高和目中無人，他總會在某種狀況下，給你難堪，不合作，甚至整你。而你的主管更會覺得你不服他，還可能擔心你的才能會威脅到他的位置，如果你不適當收斂，他會對你耿耿於懷，甚至有意壓制你，打擊你。那麼，你的狀況自然會很難受，眞的變得「懷才不遇」了。

還有一種懷才不遇者實際上是自以爲是的庸才。他不被人重用是因爲他本身腹內空空，胸無才志，並不是因爲遭人嫉妒和陷害。他不能很好地正視自己，反而以爲自己懷才不遇，牢騷滿腹，怨天尤人。

這兩類懷才不遇者在生活中並不少見。這樣的人並不討人喜歡。在與這種人交談中，他總是不厭其煩地數落他人，他的同事，他的上級，吹噓自己的本事。

那些具有強烈的懷才不遇者最終的結果是把自己孤立在小圈子裡，無法參與其他人的圈子，每個人都怕惹麻煩而不敢跟這種人打交道，人人視之爲「怪物」，敬而遠之。

這種人的結局往往是或者辭職，或者調走，或者依然做著小職員的角色，或者在原單位繼續「懷才不遇」下去。

每個人都會遇到才華無法施展之時，這時候要特別注意：即使感覺懷才不遇，也不能表現出來，你越沉不住氣，別人越看清你，那麼你恐怕只能一輩子懷才不遇下去了。

那麼，遇到這種情況，我們應該如何面對呢？先評估自己的能力，看看是否把自己過高估計了。自己評估時難免有偏頗之時，你可以找朋友和較熟悉的同事替你分析，如果別人的評價比你自我評估還低，那麼虛心接受這種結果。

檢討爲何自己能力無法施展？是一時無恰當的機會？還是大環境的限制？還是人爲的阻礙？如果是機會問題，那麼只好耐心等待；如果是大環境問題，那只好去職；如果是人爲因素，可以溝通，並且想想是否有得罪人之處，如果是，就要想辦法溝通。

考慮拿出其他專長。有時，懷才不遇者是因爲用錯了專長，如果你有第二專長，那麼可以要求上司給你機會試試，說不定就此打開了一條生路。

營造更和諧的人際關係，不要成爲別人躲避的對象，反而更應該以你的才能協助其他同事，但要知道，幫助別人也不要居功自傲，以爲是自己的資本到處炫耀。否則，會嚇跑你的同事。此外，謙虛客氣，廣結善緣，這將爲你帶來意想不到的好處。

繼續強化你的才能，當時機成熟之時，你的才能會爲你帶來耀眼的光芒。最好不要有懷才不遇的感覺，因爲這會成爲你心理上的負擔，謙卑地做你該做的事，就算大材小用，也是快樂的。

即使感覺懷才不遇，也不能表現出來，你越沉不住氣，別人越看清你，那麼你恐怕只能一輩子懷才不遇下去了。

你能改變自己的運氣

人生自有一套遊戲規則，技藝純熟的玩家當然比技藝生澀的人佔優勢。成功的人多半實至名歸，而失敗者往往也是罪有應得。相信運氣遠不如相信你自己。

如果一個年輕人相信運氣會從天而降，他就會不斷地拒絕各種機會，因爲那些機會都不夠好，他所要的是大名、厚利、高職位，他不屑從基層起步。我們可以想像，不久人們便懶得給他任何機會了。一味相信運氣，使這個年輕人喪失了許多機會。而他一生很可能就這樣耗費掉了。

眞正想成功的人，會把運氣擻在一邊，抓住機會，不放過任何可能讓他成功的機會。他不會等待運氣護送他走向成功，而會努力換取更多成功的機會。他可能會因爲經驗不足、判斷失誤而犯錯，但是只要肯從錯誤中學習，等他逐漸成熟後，就會成功。眞正想成功的人，不會只是坐下來怨天尤人，埋怨運氣不佳。他會檢討自己，再接再厲。

人們多半對運氣都採取寧可信其有的態度，不是有人具有第六感嗎？不是有人未卜先知嗎？他們可以預測股市的漲跌，可以斷定一個人的福禍，這些人也許可以告訴你是否會成功，或者如何成功。別相信他們，他們不過是善於掌握人類的心理罷了。

從商的人往往奇招百出，讓人目不暇接，然而他們私底下費了多少工夫，一般人並不瞭解。

一項新產品的問世，事前需要經過極周密的市場調查，它的成功絕非偶然。

很多人預測成功時，總是謙遜地說：「運氣眞好。」但我們應該知道，經驗與判斷力才是他們的利器。坐待運氣的人，往往以空虛或災難臨頭收場。他們也許會在因緣際會中暴起，但這種繁華很容易變成過眼雲煙。大起大落的人，通常是最相信運氣的人。許多人庸庸碌碌，默默受窮而終，是因爲他們認爲人生自有天定，從沒想到可以創造人生。事實是人生在世，那是天定；好好地把握自己的生活，使它朝著自己的計畫和目標奮進，這就是人生。

堅定刻苦的人成功的原因最少有三個因素。

第一是想像力。偉大的人生從憧憬開始，憧憬自己要做什麼或要成爲什麼。南丁格爾的夢想是要做護士。愛迪生的夢想是做發明家。這些人都爲自己想像出明確的前途，把它作爲目標，勇往直前。

以十九世紀的英國詩人濟慈爲例。他幼年就成爲孤兒，一生貧乏，備受文藝批評家抨擊，戀愛失敗，身染癆病，二十六歲即去世。濟慈一生雖然潦倒不堪，卻不受環境的支配。他在少年時代讀到斯賓塞的「仙后」之後，就肯定自己也註定要成爲詩人。濟慈一生致力於這個目標，使他成爲一位名垂青史的詩人。有一次他說：「我想我死後可以躋身於英國詩人之列。」

你心目中要是懷有這樣的遠景，就會勇猛、奮進。如果自己心裡認定會失敗，就永遠不會成功。你自信能夠成功，成功的可能性就大爲增加。沒有自信，沒有目的，你就會俯仰由人，一事無成。

第二是常識。圓鑿而方柄是絕對行不通的。事實上，許多人東試西試，最後才找到自己眞正的方向。美國畫家惠斯勒最初想做軍人。後來因爲他化學不及格，從軍官學校退學。司各特原想做詩人，但他的詩比不上拜倫，於是他就改寫小說。

在想像你的目標時應該多用點心思，要善於檢討自己，不要妄想。

第三是勇氣。一個人眞有性格，有信心，就會有勇氣。大音樂家華格納雖然遭受同時代人的批評攻擊，但他對自己的作品有信心，終於戰勝世人。黃熱病流傳許多世紀，死的人無法計算，但是一小隊醫藥人員相信可以征服它，在古巴埋頭研究，終告勝利。

達爾文在一個英國小園中工作二十年，有時成功，有時失敗，但他鍥而不捨，因爲他自信已經找到線索，結果終得成功。

目標、常識、勇氣，即使是稍微運用，亦會產生很可觀的結果。如果一個人一心想發財，他可能會遭受無情痛擊；如果他一心想享樂，他可能會自討苦吃。但是如果他所想的是有所建樹，他就可以利用人生的一切機遇。

愛默生說：「只有膚淺的人相信運氣。堅強的人相信凡事有果必有因，一切事物皆有規則。」要想怎麼收穫先想怎麼栽，這比坐待好運從天而降可靠多了。

坐待運氣的人，往往以空虛或災難臨頭收場。他們也許會在因緣際會中暴起，但這種繁華很容易變成過眼雲煙。

鑽石就在你身邊

有個農夫擁有一塊土地，生活過得很不錯。但是，當他聽說要是有塊土地的底下埋著鑽石的話，他只要有一塊鑽石就可以富得難以想像。於是，農夫把自己的地賣了，離家出走，四處尋找可以發現鑽石的地方。農夫走向遙遠的異國他鄉，然而卻從未能發現鑽石，最後，他囊空如洗。一天晚上，在一個海灘自殺身亡。

眞是無巧不成書！那個買下這個農夫的土地的人在散步時，無意中發現了一塊異樣的石頭，他拾起來一看，它晶光閃閃，反射出光芒。他拿給別人鑑定以後，發現這是一塊鑽石。這樣，就在農夫賣掉的這塊土地上，新主人發現了從未被人發現的最大的鑽石寶藏。

這個故事是發人深省的：財富不是僅憑奔走四方去發現的，它屬於那些自己去挖掘的人，只屬於依靠自己的土地的人，只屬於相信自己能力的人。

這個故事告訴大家生活的最大秘密——在你身上擁有鑽石寶藏，那就是潛力和能力。你身上的這些鑽石足以使你的理想變成現實。你必須做到的，只是更好地開發你的「鑽石」，爲實現自己的理想，付出辛勞。

只有傻子才肯捨棄眼前生活，而另去那個虛無飄渺的遠方，做好高騖遠、不著邊際的追求。

只要你不懈地挖掘自己的鑽石寶藏，即不懈地運用自己的潛能，你就能夠做好你想做的一切，就能夠成爲自己生活的主宰。

抓住機遇的手，你就能因此而獲得幸福。機遇可以改變人生，把握好每一次機遇吧！

一位富翁家的狗在散步時跑丟了，於是富翁就在當地電視台發了一則啓事：有狗走失，歸還者，付酬金一萬元，並有小狗的一張彩色照片充滿大半個螢幕。

啓事播出後，送狗者絡繹不絕，但都不是富翁家的。富翁太太說，肯定是眞正揀狗的人嫌給的錢少，那可是一隻純正的愛爾蘭名犬。於是富翁就把電話打到電視台，把感謝金改爲兩萬元。

一位沿街流浪的乞丐看到了這則啓事，他立即跑回他住的窯洞，因爲前天他在公園的躺椅上打盹時撿到了一隻狗，現在這只狗就在他住的那個窯洞裡拴著。

果然是富翁家的狗，乞丐第二天一大早就抱著狗出了門，準備去領兩萬元酬金。當他經過一家大百貨公司的大型螢幕時，又看到了那則啓事，不過賞金已變成三萬元。

乞丐又折回他的窯洞，把狗重新拴在那兒，第四天，賞金額果然又漲了。

在接下來的幾天時間裡，乞丐沒有離開這個大螢幕，當酬金漲到使全城的市民都感到驚訝時，乞丐返回他的窯洞。可是那只狗已經死了，因爲這只狗在富翁家吃的都是鮮奶和牛肉，對這位乞丐從垃圾筒裡撿來的東西根本受不了。

只有傻子才肯捨棄眼前生活，而另去那個虛無飄渺的遠方，作好高騖遠、不著邊際的追求。

切莫急功近利

小朋友都愛看動畫片，窮人們愛看一夜致富的神話；前者是因爲一個不起眼的小女孩，能夠頓時飛上枝頭成鳳凰。而後者是一位遭遇平凡的人，能夠因爲某個機會，立刻賺得大錢，多麼振奮人心，多麼引人入勝，令眾人羨慕不已！因此，正如拍電影、寫小說爲追求戲劇效果、吸引觀眾，必須放棄冗長無聊的細節，而將一個白手起家的富人或一家成功的企業，全歸功於一兩次重大的突破，把一切的成就全歸功於少數幾次的財運。戲劇的手法就把漫長的財富累積過程完全忽略了。但是小說歸小說，電影歸電影，現實生活中不可能有那麼膚淺而富戲劇性的事情。

今天我們所面臨的難題是好高騖遠，看不起小報酬，總希望能找出致勝的突破，一鳴驚人，一口吃成一個大胖子，一出擊就能有驚天動地的結果產生。但以歷史的眼光看問題，絕大多數的富人，其巨大的財富都是由小錢經過長期的時間逐步累積起來的，初期大部分人所擁有的本錢都是很少的，甚至微不足道。一個人想成功，想致富，就必須首先要從心理上摒棄那種「一夜致富」的幼稚想法和觀念，這才是投資理財的正常、健康的心理狀態。

有一位白手起家、靠投資股票致富的人曾說過：「現在已經過來了，股票漲一下就能進賬數百萬元，賺錢突然間變得很容易了，擋都擋不住。回想幾十年前剛進股市的那段日子，費了千辛萬苦才賺一二萬元，眞不知道那時候的錢都跑到哪裡去了。」

這種經歷對許多曾歷盡千辛萬苦、艱苦奮鬥、白手起家的人而言並不陌生。萬事開頭難，初期錢很難賺，等到成功之後財源滾滾，想不要都不行時，又不知道爲什麼賺錢變得那麼容易了。

每個人都渴望有輕輕鬆鬆地賺第二個一百萬、一千萬的能耐，達到財源滾滾的境界，問題是要賺第二個一百萬之前先有第一個一百萬。但是，怎樣才能賺到第一個一百萬呢？若你想利用投資理財累積一百萬的話，則需要「時間」，必須要經歷長時間的煎熬，熬得過賺第一個一百萬的艱難歲月，自然能夠享受賺第二個一百萬的輕鬆愉快。

從複利的公式可以看出，要讓複利發揮效果，時間是不可或缺的要素。長期的耐心等待是投資理財的先決條件。尤其理財要想致富，所需的耐心不是等待幾個月或幾年，而是至少要等二十年、三十年，甚至四十年、五十年。

然而今天我們身處事事求快的「速食」文化之中，事事強調速度與效率，吃飯上快餐廳，寄快遞，開車上高速公路，學習上速成班，人們也隨之變得愈來愈急功近利，沒有耐性，在投資理財上也顯得急不可耐，想要立竿見影。但是，在其他事情上求快或許能有效率，唯有投資理財快不得。根據觀察，一般投資者最容易犯的毛病是「半途而廢」。遇上不利時期極易心灰意懶，甚至乾脆賣掉股票、房地產，從此遠離股市、房地產市場。殊不知缺乏耐心與毅力，萬事是很難有所成就的。

心態呈現出你的世界觀，要怎樣的世界，就用怎樣的心態去演繹。

有一天，一隻狐狸走到一個葡萄園外，看見裡面水靈靈的葡萄饞涎欲滴。可是外面有柵欄擋住，無法進入。於是狐狸一狠心絕食三日，減肥之後，終於鑽進葡萄園內飽餐一頓。當牠心滿意足地想離開葡萄園時，發覺自己吃得太飽，怎麼也鑽不出柵欄。無奈，只好再餓肚三天，才鑽了出來。

摒棄那種「一夜致富」的幼稚想法和觀念，這才是投資理財的正常、健康的心理狀態。

發財的信念和毅力

幾個人聚在一起聊天，如果有個人相當活躍，上上下下都是他在忙碌，那麼，在他周圍的朋友，一定會被他的氣息所渲染，整個環境氣氛就活躍起來。相反，如果其中一人悶悶不樂，長吁短嘆，一臉愁眉不展，那麼，整個團體就會隨之沉悶起來。

相信很多人都經歷過這種事情。這就是「意志力」能改變周圍環境的最佳證明。很多窮人喜歡動不動就說：「好日子早已過去了，我們這一代是沒希望了。」這是種令人沮喪的論調，不止爲自己找到了一個掩飾無能的藉口，而且還能將別人的進取心纏住，一同處於失敗的地步。所以當你一旦遇上挫折的時候，千萬不能接觸這些悲觀的人。否則，兩敗相遇的時候，必然會互相抱頭痛苦地將困難哭得更加嚴重。人的意志力也隨之崩潰。

有位朋友，經營皮毛業。前陣子，皮毛業不景氣，這位朋友公司業績直線下降。整個公司籠罩在一種沉悶的氣氛當中，員工們個個無精打采。但是，這位朋友卻充滿自信，一點也不擔心。他每天早早到公司，仍和員工們談笑風生。很快職員都感染了他這份快樂的氣氛。因此，職員們緊張的神經鬆弛了，公司也恢復了往日的活力。

在同行紛紛倒閉，關門轉行的情形下，這家公司能屹立不倒，仍然生機勃勃，的確是件不簡單的事情。

這家公司度過了困難期後，隨著大環境的改變，公司業務蒸蒸日上，公司規模也擴大了一倍。這種結果全賴經營者獨到的看法。這位朋友說：「我怎麼能被這麼小的挫折擊倒呢？在這段期間，我要以無聲來克服不景氣。」果然，這種魄力使他獲得了勝利。

兩敗相遇的時候，必然會互相抱頭痛苦地將困難哭得更加嚴重。

勝人者力，勝己者強

古人云：「自知者不怨人，知命者不怨天；怨人者窮，怨天者無志。」（《荀子・榮辱》）意思是說，有自知之明的人不抱怨別人，掌握自己命運的人不抱怨天；抱怨別人的人則窮途而不得志，抱怨上天的人就不會立志進取。在市場經濟的大潮中，任何牢騷滿腹、怨天尤人的舉動都毫無意義，任何成功之道都不是怨出來的，而是走出來的。

當然，並不是每個人都能棄學經商，棄官經商，成爲現代商界的成功者和佼佼者。所謂「從學而優則仕到學而優則商」是說明，市場經濟爲知識份子提供了一條値得去試、値得去走的路，這是一個新的時代的召喚。去爭論値不値得去試、去走的人是幼稚的，是膚淺的。每個個體的行爲選擇都有其自主性，都是從自身的條件和周圍的環境的判斷中做出抉擇，關鍵在於自知之明。

走南闖北，商人血液裡流動著商人特有的「不安分」的因數。尋找機遇，探求商機，知難而進，四處出擊，這與中華的文化傳統是格格不入的。「隨遇而安」、「安身立命」、「知足常樂」往往是傳統的知識份子所信奉的行爲準則，這些準則常常使知識份子故步自封，作繭自縛，成爲超越自我的一種障礙。知識份子一方面希望能體會自身的價值，體會知識的價值；另一方面卻又不能破釜沉舟，獨闖天下，立命商場。因此，在市場經濟大潮下，一些知識份子表現出一種不平的心態，他們既渴望成功，又害怕失敗，偏愛坐而論道，缺乏果斷行動，抱怨商人文化素質低，道德素養差，但又不願用自己的行動去改變之。

聖賢老子曾經說過：「勝人者力，勝己者強。」（《老子》第三十三章）說明能戰勝別人的人只是有力量，能戰勝自我、超越自我的人才是眞正的強者。全球化下的知識份子，要做時代的強者，做市場經濟條件下的成功者，首先要戰勝自我，更新觀念，轉變思路，路就在你的腳下。下一步你選擇什麼？往往決定了你的人生的軌跡和事業的軌跡。

如果下一步你選擇的是一如既往，隨遇而安，這也是一種活法。因爲，生活中的大多數人都是如此，一個穩定的職業，一份穩定的收入，一種穩定的生活，如果能保持一種穩定的心態，淡泊名利，淡化得失，淡視成敗也是一種生活的境界。

當然，生活的境界與人生的境界是不同的。成功後對成敗的淡視、成名後對名利的淡泊、獲得後對得失的淡化，與這之前的淡視、淡泊、淡化顯然是兩個層次，兩種境界。前者更多的是一種無奈，後者更多的是對成敗、名利和得失的眞正超越。

如果成功的欲望和夢想促使你下一步準備換一種活法的話，你應該當機立斷，跨出決定人生軌跡的這一步，優柔寡斷不是商人的性格。四平八穩不是商人的脾氣，在商場唯有拚才會贏，唯有搏才會成功。渴望成功者先做好失敗的準備，因爲成功之道是用失敗鋪成的。潮起潮落是商海的自然規律，優勝劣汰是商海的競爭規則。山窮水盡，背水一戰，常常是商人的必修「課程」，你做好準備了嗎？尤其是如何面對失敗的心理準備。

成功之道從你這一步開始，這是一種信念，沒有這種信念就不要去闖蕩，沒有這種信念也不要去怨天怨人，沒有吃過葡萄就不要說葡萄就是酸的。幾百多年來一批又一批「不安分」的知識人、文化人勇敢地闖入商場，一些人已經嶄露頭角，儘管他們清楚未來之路仍然十分艱辛，但他們對於自己最初跨出這一步的選擇，始終無怨無悔。沒有當初的這一步，人生就不會如此富有挑戰性，生活就不會如此富有創造性。

能戰勝別人的人只是有力量，能戰勝自我、超越自我的人才是眞正的強者。

你的心態平衡嗎？

現實生活中，每個人的內心世界或多或少的都有一些不平衡心理。某人賺了錢，某人升了官，某人買了車，某人蓋了別墅……我本來比他們強，可我卻不如他們風光體面！對比產生了心理不平衡，而這種心理不平衡又驅使著人們去追求一種新的平衡。倘若在追求新的平衡中，你能不昧良知、不損害別人，自覺接受道德的約束和限制，透過正當的努力、奮鬥去實現人生的自我價值，達到一種新的平衡，倒也是值得稱道和慶倖的；倘若在追求新的平衡中，不擇手段，毫無廉恥，喪失道義，膨脹自私貪欲之心，讓身心處於一種失控的狀態中，那麼就必然會產生一些意想不到的可怕後果。由此，你的人生必將陷入難以迴旋的敗局之中。

美國有個年輕人布魯克，原先曾是個表現不錯，工作很能幹也很有實力的地方官員，因政績突出不斷受到提拔。但在最近這幾年，當他知悉過去的同事、同學通過各種途徑生活條件都比他好的現實時，心裡總不是滋味，想想自己能力至少不比他們差，職位也比他們高，可錢卻比他們少。而且自己作爲一地之長，擔子比他們重，責任比他們大，工作也比他們辛苦，經濟上卻不如他們，深感不平衡。由此也就有了一定要超過他們的想法。於是在他任職期間，大肆收受賄賂。這樣，他思想上警惕的閘門在不平衡心理的驅動之下終於傾斜了，欲望的洪水頓時傾瀉而下，一發不可收，最終成了一名「無期徒刑」的囚犯。

在另一個例子中，弗爾克是一名年輕的教師，原先在教學上精益求精、兢兢業業，對學生無私奉獻，贏得學生和家長的一致好評。但在一次朋友聚會的晚宴上看見一些人很富有時，心裡不舒服起來。此後他總在想，我怎樣也能富有？於是，經常利用上班的時間做發財的夢，開始對教書不負責任。學生和家長意見很大，他得到了學校的警告紀錄，但他不悔改，每天還是想著發財，一次在一個朋友的鼓動下去做走私生意而被抓獲。其結果是財沒發成，還做了階下囚。

不平衡使得一部分人心理自始至終處於一種極度不安的焦躁、矛盾、激憤之中，使他們牢騷滿腹，不思進取，工作中得過且過，和尚撞鐘，心思不專，更有甚者會鋌而走險，玩火上身，走上了危險的繩索。因此，我們必須要走出不平衡的心理地雷區。怎樣才能從這種不平衡的心理地雷區中突圍出來呢？

不平衡心理緣於比較，緣於比較方式的不當，緣於比較「對照組」的選擇失誤。前文所說的地方官員和教師，他們所選擇的比較「對照組」自然是那些風流倜儻的有錢人，自認爲能力、才華不比他們差，而收穫卻比他們少，這是多麼不公平啊！而其實，只要我們多想一想那些普通的工作者，我們的心理又何嘗有這樣多的焦灼、急躁與失落，甚至是憤憤不平呢？面對著眾多普通人，我們的心靈必然會多一份平靜豁達，甚至多一份愧疚。還有什麼不平衡可言呢？

心理不平衡導致人生創傷，而心底無私則是治癒心理不平衡的良藥。在當今社會種種誘惑特別是金錢美色的誘惑面前，一些人目眩頭暈，忘記了做人的最起碼標準和人之所以爲人的基本守則，在追求心理平衡的過程中，向腐敗、墮落的目標邁進。在他們身上缺少的是一種聖潔的信念、奮鬥的理想，缺少的是一種世界觀、人生觀的持續刻苦的改造，不能夠自重、自省、自警、自勵，不能夠達到一種高尚人格的修煉。

膨脹自私貪欲之心，讓身心處於一種失控的狀態中，那麼就必然會產生一些意想不到的可怕後果。

怎樣克服失望情緒

失望是生活中常有的現象。有人能較快地克服失望情緒，有人卻長期爲失望情緒所羈絆。

怎樣克服失望情緒？

第一，堅信愛迪生的名言：「失敗也是我需要的，它和成功對我一樣有價值」。失敗是一種「強刺激」，對有志者來說，往往會產生反作用力。失敗並不總是壞事，也沒有什麼可怕的。面對失敗，不能失望，而是要找出問題癥結，尋求進取之策，不達目標不甘休。

第二，腳踏實地地追求奮鬥目標。如果我們對外語一竅不通，卻期望很快當上外文小說翻譯家，豈不自尋失望？有些人平時學習成績平平，卻想進名校深造，結果難免失望。事情的發展結果同你原先的期望不符合，期望越是過高，失望越是沉重。我們應該追求與自己的能力相當的目標。有時候，目標雖然與自己的能力大小相符合，但由於客觀條件的影響，也會導致失望情緒，這時更應注意調整期待值，減少失望情緒。比如公司內部拔擢主管人選，或許你的實際能力已經達到，但由於這職缺的人數比例有限，你沒有選上。這時要調整內心期望值，使之與現實相符，這樣便能很快克服失望情緒。

第三，期望應該具有靈活性，不要把期望凝固化。生活中，期望不只是一個點，而應該是一條線、一個面。這樣的好處是：一旦遇到難遂人願的情況，我們就有思想準備放棄原來的想法，追求新的目標。當然，這不等於「見異思遷」。比如你去劇場聽音樂會，你原先以爲自己喜愛的歌唱家會參加演出，不料他因病不能演出，你當時會感到失望。如果你這時將期望的目光投向其他演唱家，就會拋棄失望情緒，逐漸沉浸在藝術美的境地中，內心充滿著歡悅。

第四，期望應該具有連續性。有些人的失望，是由於把期望割裂了，以致「畢其功於一役」。當「一役」難以如願時，就深感失望。世界上固然有一帆風順的「幸運兒」，而更多的卻是「命途多舛」，歷盡艱辛的奮鬥者。愛迪生發明燈泡先後試了一萬多次，無疑，其間至少也失敗了萬把次。倘若愛迪生不把自己發明燈泡這個期望，看成是一個連續的過程，不要說一萬次失敗，就是一百次失敗也足以使他望而生畏，知難而退了。要提高克服失望情緒的能力，就要增強自己承受挫折的耐力。

期望越是過高，失望越是沉重。

自己怎樣治療悲觀

樂觀態度或悲觀態度，是人類典型的也是最基本的兩種傾向，它影響著我們的生活方式。

美國醫生做過這樣一個實驗：他們讓患者服用安慰劑。安慰劑呈粉狀，是用水和糖加上某種顏色配製成的。當患者相信藥力，就是說，當他們對安慰劑的效力持樂觀態度時，治療效果就顯著。如果醫生自己也確信這個處方，療效就更爲顯著了。這一點已用實驗得到了證實。悲觀態度是由精神引起而又會影響到組織器官，有一個意外的事故證明這一點。

一位鐵路工人意外地被鎖在一個冷凍車廂裡，他清楚地意識到他是在冷凍車廂裡，如果出不去，就會凍死。不到二十個小時，冷凍車廂被打開時人已死了，醫生證實是凍死的。可是，仔細檢查了車廂，冷氣開關並沒有打開。那位工人確實死了，因爲他確信，在冷凍的情況下是不能活命的。所以，在極端的情況下，極度悲觀會導致死亡。一位樂觀主義者總是假設自己是成功的，就是說，他在行動之前，已經有了八十五％的成功把握。而悲觀主義者在行動之前，卻已經確認自己是無可挽救了。悲觀的唯一好處就是不會有太大的失望，許多人都知道大發明家愛迪生的故事，他在尋找適合做燈絲材料的試驗過程中，做了一千兩百次試驗，失敗了一千兩百次，就是找不到一種能夠耐高溫又經久耐用的好材料。這時，別人對他說：「你已經失敗了一千兩百次了，還要試驗下去嗎？」愛迪生回答說：「不，我並沒有失敗，我已經發現有一千兩百種材料不適合做燈絲。」正是這種積極樂觀的態度激勵他去獲得最後的成功。

以下建議也許對悲觀主義者有幫助：

一、越擔驚受怕，就越遭災禍。因此，一定要懂得積極態度所帶來的力量，要相信希望和樂觀能引導你走向勝得。

二、即使處境艱難，也要尋找積極因素。這樣，你就不會放棄取得微小勝利的努力。你越樂觀，克服困難的能力就越會增強。

三、以幽默的態度來接受現實中的失敗。在幽默感的人，才有能力輕鬆地克服厄運，排除隨之而來的倒楣念頭。

四、既不要被逆境困擾，也不要幻想出現奇蹟，要腳踏實地，堅持不懈，全力以赴去爭取勝利。

五、不管多麼嚴峻的形勢向你逼來，你也要努力去發現有利的因素。過後，你就會發現幾處都有一些小的成功，這樣，自信心自然也就增長了。

六、不要把悲觀作爲保護你失望情緒的容器。樂觀是希望之花，能賜人以力量。

七、當你失敗時，你要想到你曾經多次獲得過成功，這才是値得慶倖的。如果十個問題，你做對了五個，那麼還是完全有理由慶祝一番，因爲你已經成功地解決了五個問題。

八、在閒暇時間，你要努力接近樂觀的人，觀察他們的行爲。透過觀察，你能培養起樂觀的態度，樂觀的火種會慢慢地在你內心點燃。

九、要知道，悲觀不是天生的。就像人類的其他態度一樣，悲觀不但可以減輕，而且透過努力還能轉變成一種新的態度——樂觀。

十、如果樂觀態度使你成功地克服了困難，那麼你就應該相信這樣的結論：樂觀是成功之源。

悲觀的唯一好處就是不會有太大的失望。

第6張入場券：臉皮太薄

虛榮

臉皮太薄，常為面子而浪費錢財，有時甚至為友情犧牲自我利益，僅僅為了換取一個好名聲。

虛榮使人損失錢財

一個哲學家應邀去參觀朋友富麗堂皇的新居。當他走進寬敞漂亮的客廳時，他問朋友為什麼把客廳弄得這麼大，那個富有的朋友說：「因為我付得起。」

然後，他們又走進一間可容納六十人的餐廳，哲學家又問朋友：「為什麼要這麼大？」這個人再次說：「因為我付得起。」最後，哲學家憤怒地轉向朋友說：「你為什麼戴這麼一頂小帽子？你為什麼不戴一頂比你的腦袋大十倍的帽子？你也付得起呀！」

由於這類奢侈和浪費，紳士們將會變得貧困，而被迫向那些曾為他們所不屑的人去借貸，而最初貧窮的人則會通過勤勞與節儉贏得地位。顯然，一個站立的農夫要比一個跪下的紳士高大。

一旦你買了一件漂亮的物品，你還會去買十件，然後便一發而不可收。如果你不能壓住你的第一個願望，那麼隨之而來的願望就無法滿足。如果窮人模仿富人，那是愚蠢的，如同青蛙要把自己脹得像牛一般大一樣。

學會花錢，也是改變人生境遇的一個必要條件。世界上最會賺錢的人，無不是最會花錢的人。小氣，並不是諷刺，這是有錢人的看家本領。精打細算，不亂花錢，是富豪的真正風度。

然而，在我們的生活中，還會發現另外一種現象：越是沒錢的人，越愛裝闊。這似乎是個心理問題，因爲大多沒錢的人容易產生抗拒心理，他們內心常在交戰：「難道我只能買這種便宜貨嗎？」自憐便油然而生，更因顧慮到別人的眼光感到不安。所以當他們面對一件商品時，往往考慮虛榮要比考慮價格的時候多，沒錢的自卑感像魔鬼一樣纏得他們猶豫不決，最終屈服於虛榮，勉強買下自己能力所不能及的東西。於是，社會中有了一種怪現象，越窮的人，越不喜歡廉價品。仔細想想，有時候窮人的虛榮心總比富人強，他們會因爲亂花錢而永遠無法存錢。

年輕人往往是最愛虛榮的，一個剛賺了一點錢的小夥子，卻非要常去吃高級餐廳，出入高級酒店。有些只租得起幾坪小房間居住的年輕人，卻非要傾其所有積蓄買一部汽車。試想，這樣的年輕人又怎能不窮呢？越窮越裝闊，越裝闊越窮，形成了一個跳不出去的貧窮的惡性循環。

那樣，無論你是富有者還是窮人，拋掉你那些揮霍無度的愚蠢行爲吧！這樣你就不會有那麼多世道艱難、家庭不堪重負之類的抱怨了。

越是沒錢的人，越愛裝闊。窮人的虛榮心總比富人強。

「打腫臉充胖子」的窮人

有一朱姓青年，是個愛面子的人，手頭雖說不寬裕，可總想「露露臉」，誰家遇上紅白事，不要人家來請，他就懷「紅白包」登門了，他說：禮多人不怪，關係就是靠這打下來的。

原來並不厚實的家底哪經得起這番折騰？家中生活出現困難，有時連買肥料、農藥的錢都拿不出。可就在這節骨眼上，又有好幾家「處得不錯」的要嫁閨女，蓋新房，小孩過生日。他在人跟前打腫臉充胖子：「不用說，賣房子、賣家產，也要顧全面子。」

農民老張以前很少與人應酬，一年難得出上兩次禮，家中購買了電視機、冷氣等，可他在村子裡卻總感到抬不起頭，原因就是他送禮少，什麼「摳」、「不結人緣」等難聽話灌了他一耳朵，弄得連討媳婦也困難。給人一開導，老張學乖了，咬著牙，大把大把地花錢送禮，以買回個「好名聲」。

大宴賓客，慷慨大方，「做東」的窮人出足了風頭。突然想起錢包，於是悄悄地到廁所掏出錢數數……東搖西晃地回家。不想第二天一早，麻煩事來了：「你這個人，還要不要家？這個月……」這樣的丈夫，在我們周圍是相當普遍的。但請夫人們手下留情，當他酒醒之後，不等你開口，他已先自懊惱不迭了。這也是窮人的通病。

作爲堂堂的男子漢，最讓人瞧不起的就是「小氣」。一旦有人一碗迷魂湯灌下，誰個還能活摳死摳不出血呢？男子漢嘛，就得有個做大事業的氣派，怎麼能在金錢上斤斤計較，太小家子氣啦！

窮男人請客時，都有一種不可言狀的「宰相肚子」，那是小氣的女性們所無法理解的。或許女人會辯解：「胡說！我哪這麼小氣？你一個月才賺多少錢？」此話說得對，然而原因也就在這裡。只因薪水賺得少，男人們才很愛當家做主請客送禮，平時都是愼而又愼地勤儉持家，難得有機會請次客，誰都神氣神氣，這恰恰是一種希望忘卻自我的心理因素在作怪。

不妨想一想，那些拿高薪的富人，他們何曾大方的請過客，他們總是格外的小氣。人人都知道他們有錢，因而他們也用不著裝腔作勢以示慷慨。而那些明知請客後一定會虧空一時，還要打腫臉充胖子的窮人實在可憐，但也不乏滑稽可笑的意味。

世上確實有這樣的人，喜歡把明明不値得炫耀的東西當做好東西來認可、吹噓，也就是自欺欺人。

「打腫臉充胖子」實質都是爲了一張臉皮，其內心愛虛榮，太顧面子。現實中，獨自一人時，不會爲了「充胖子」而「打腫臉」。把臉「打腫」只是在人前爲之。別人有的，自己就要有。好像世界上所有的人生來是沒有差異的。這種人對現實的認識不足，屬於遇事不能忍受，不甘在人前「勢弱」，所以就會自欺欺人。這是心理障礙嚴重的表現。

人們常說，女人有虛榮心。其實，男人又何嘗不是如此呢？所以說，這種毛病是沒有性別界限的。瀟灑的型男與正妹外出，明明可坐公車，卻「鬼使神差」般向計程車揚起了手，本來幾十元的開支，一下用了幾百元。漂亮的「美眉」，你明明知道自己脖子上是一條鍍金項鏈，卻向別人誇耀成24K純金項鏈，鄰居有了液晶電視，我們不能沒有；問清多少吋，差半吋也不行；聽說他換了雙門對開冰箱，咱們也得「更新換代」，看看是什麼牌子的，咬咬牙，啃上半年鹹菜，也買它一台，牌子一定不能比他們的差；聽說樓上的鄰居給孩子買架鋼琴了，我們孩子智力也不能差，沒有錢借錢也要給孩子買一架。

新人的小任，愛上同公司的姑娘玫玫，爲了贏得她的愛情，他把每月的薪水、獎金花個精光，不得已瞞著玫玫去幫另一個朋友運貨賺錢。一天晚上，在運貨的路上丟了二十件衣服，這本來夠糟糕的了。但如果小任能向貨主、向玫玫說明情況，也許能有個妥善解決的辦法。可他偏「打腫臉充胖子」。他隱瞞了丟衣服的事情，對貨主說：「這批衣服挺時尚的，送送親戚朋友正好，我全買下了。」買是要付錢的，可他哪有這筆錢呢？東挪西湊，還是差一點。終於，他的手伸向不該伸進去的地方。

還是「不要打腫臉充胖子」吧，你是「胖」還是「瘦」，大家心裡都有數，「打腫臉不是胖」，你也應該明白這個道理。即使你能硬撐一時，可又能瞞著多久呢？超前消費一旦囊中羞澀起來如何是好？再說，若因此成天關起門來喝醬油就鹹菜，搞得「人比黃花瘦」，那才不值得。

把明明不值得炫耀的東西當做好東西來認可、吹噓，也就是自欺欺人。

人情面子是個沉重的包袱

讓朋友欠個人情並不是件太難的事，同樣，你也可能欠下朋友的人情。人情是必須回報的，但是，如何回報，何時回報，回報的代價是多大，卻從來沒有什麼定規。如果你欠了小情，卻還了大的，豈不吃虧？如果你欠久了，難以還，成了負擔，豈不糟糕？所以，你既要學會「做人情」，又要努力使自己避免欠下朋友的人情。

《論語》上說：「惠則足以使人。」意思是說，給人恩惠，就足以使喚人了。所以，對朋友的小恩小惠、大恩大惠要慎重，能不接受的儘量不接受，「吃了人家的嘴軟，拿了人家的手短」。這一短，若想再長起來，就必須替朋友辦事。

朋友之間來來往往，帶點禮物，都挺正常，不在上述之列，帶有明顯功利目的的朋友，是可以看得出來的，現代人與古人不同。現代人的生活速度已提高許多，請朋友辦事的速度也大大提升。假如一個並不經常見面的朋友，卻在一天忽然登門，你可千萬別奇怪。或者常見面的好友，帶的禮物超乎平時的貴重，你也要心裡有數。

台灣人講面子，帶來的東西，你不收，他覺得你不給面子，你再讓他帶回去，更是有損尊嚴了，所以，你也不能太駁人家的面子，盛情難卻，你可以暫時收下，但你必須將這個人情送出去。你要去拜訪他，帶著差不多的恩惠，兩下扯平，也不會傷了和氣。這沒什麼不好意思的，不要像孔子那樣，收了人家的禮，必須回訪，但又不想與人家碰面，專找一個人家不在的時刻去，卻想不到在路上不期而遇。

朋友請你辦事的第二種手段，就是請你吃飯，東西送到門，你不能不給面子，吃飯卻得預約，這就讓你有許多理由去推掉，但腦袋要轉得快些，推辭講得委婉些。

腦袋轉得快些，知道對方是誰，要弄清關係網，搞清楚朋友圈，然後，再想想該接受還是推掉。

避免情債，要有自知之明。自己應該是最瞭解自己的，能吃幾碗飯，能做多少事。然而，台灣人的面子害死人，有的人就有打腫臉充胖子，自認自己超行的，朋友一求，馬上一拍胸脯，包在我身上。更有甚者，明知自己辦不成，硬往自己身上攬。

三國時的蔣幹就是這麼一個人。他自以爲了不起，認爲自己的口才可以同春秋戰國連橫、合縱的雄辯天才相比。他向曹操自薦，他可以去說服周瑜投降曹操，而且信心十足，青衣小帽，再加一個書童，一葉扁舟就去見周瑜。周瑜豈是白吃乾飯的？年紀輕輕便能統帥百萬軍隊豈是一個同窗的說客可以動搖的？他來至周瑜的兵營，連三句半都沒說上，被周瑜耍得團團轉，最後走得也不正大光明，帶回的密信，讓曹操上了當，損失二名大將。

所以，千萬別逞強，說不定你還會將事情搞砸，辦不成的事，要老實地說，沒什麼不好意思的。蔣幹就是太不量力，事沒辦好不說，居然還上了人家的當，孫悟空還跳不出如來佛祖的掌心。辦不了的事就是辦不了，朋友之所以來找你，就因爲他也辦不成，別爲你幫不上別人的忙而不好受，與其搞砸了一件事，還不如讓他另請高明。

人情是必須回報的，如果你欠了小情，卻還了大的，豈不吃虧？

愛面子是一種虛榮

愛面子問題，幾乎成爲從古至今國人的共同心態。半個世紀以前，林語堂在《中國人的臉》一文中就說過：「中國人的臉，不但可以洗，可以刮，並且可以丟，可以賞，可以爭，可以留，有時好像爭臉是人生的第一要義，甚至傾家蕩產而爲之，也不爲過」，深刻地刻畫了國人的這種特性。

魯迅先生在《說面子》一文中說過，「每一種身份，就有一種面子」。人們的「面子」觀念往往是與他在社會上的地位、職業相稱的，例如自古以來，中國的讀書人就不屑於經商，他們的面子只是與學問連在一起的，而作爲商人，他們的面子恐怕也跟「財富」密切相關。人們在心裡都有一種對自己形象的定位，與這種形象不相稱的行爲，他們就認爲「丟臉」了，而若是有些東西會令這種形象更光彩的，他們就會覺得「很有面子」。

其實，愛面子本是一件正常的事，起碼表明人們還擁有自尊心和自己的人格。問題在於，人們用愛面子的心態去維護自尊的目的往往發生了偏離。從深層考慮，人們「愛面子」的行爲表現通常是爲了在別人的眼前炫耀，是爲了把自己在別人心目中的「評分」提高一些而已，而這些行爲表現也不一定合乎社會、他人和自身的利益。說到底，很多人的「要面子」實際只是一種虛榮心。

他們所理解的「面子」只是等同於別人羨慕的眼光、讚賞的語言和自己那種高人一等的飄飄然的感覺而已。

這種虛榮的「面子觀」存在於人們心中其實是爲禍不淺的，其中之一便是使人們不惜比闊鬥富，鋪張浪費。在人的一生之中，幾乎從生到死每件大事都與「面子」結下了不解之緣。出生、結婚、生日，一般都少不了大擺宴席，光鮮亮麗，然而在「面子」的後面卻是有苦難言。在仍不富裕的普通人家庭，由於「面子」被吃喝葬送掉的財富，恐怕不是能用數字說得出來的。

除此之外，這種「面子觀」給人們帶來的最大害處莫過於阻礙了人們獨立思考的能力，使不少人只跟著「人言」走，常常迷失了自我。由於愛面子的人更多考慮的是別人對自己的評價，因而他們的行爲標準就完全取決於別人的思維了。林語堂說的「甚至傾家蕩產而爲之」，原因就在於此。

很多人的「要面子」實際只是一種虛榮心。他們所理解的「面子」只是等同於別人羨慕的眼光、讚賞的語言和自己那種高人一等的飄飄然的感覺而已。

債務的魔力

債務是一個無情的魔鬼。人自身的貧窮，就足以破壞人的自信，毀掉人的進取心，毀掉人的希望。如果在貧窮之上再加上債務，那無疑是雪上加霜，必敗無疑了。

任何人，只要背上沉重的債務，必然會彎下腰去，受人歧視。他絕無可能把事情辦得更加完美，不可能受到別人的尊重，不可能完成生命中明確的目標。只會隨著時間的流逝，在自己的意識中對自己做出種種限制，把自己包圍在恐懼和懷疑的圈子裡，永遠跳不出去，逐漸失去自我，失去人格。

社會中有很多年輕人，爭追時髦，在追求女友時，大講排場，他們哪有什麼錢啊！只好向父母要，父母沒有就借，借了東家借西家，再沒有，就辦現金卡貸款，結果女朋友還沒有交往，債台就高築了。最後只好拚命地賺錢，拚命地還債。而若再隨著結婚、孩子的誕生，更是陷入了沼澤地，把自己的銳氣和鬥志全部消磨完畢，也給家庭帶來感情的危機。

據報載，某縣市有一位青年女學生，由於家境貧寒，上學費用全部由父母貸款供給，到大學時，家庭實在無力支付，便輟學回家。爲還清上學時所欠貸款，四處兼差打工，爲錢而奔波，最後走上犯罪的生涯。

這些事情，歸結到一點，就是因爲貧困而背上債務，變成債務的奴隸，備受債務魔力的摧殘。

貧窮之上再加上債務，無疑是雪上加霜。

想發財不要顧面子

為了賺錢，你應該大膽地去嘗試。一個決心賺更多錢的人在辭職轉行時，往往會遭到周圍人的非議。

為了賺錢，面子又算什麼呢？更何況，只要是合法的賺錢方法，沒有什麼可恥的地方。

很多沒有膽量進入情場的人，都有這類害怕：他們不怕別人痛打一場，不怕原子彈或核子彈，怕的只是別人的嘴臉。別人的嘴臉，眞的是那麼可怕恐怖嗎？並不，他們怕的東西，來自自己的內心，他們幻想自己開口求愛時，別人見笑，自己因此感覺丟臉不好意思。

而在未追女友之前，又害怕對方不理會自己，或者看不起自己。那麼，你會永遠追不到女朋友的。為了要獲得自己想要的東西，你應該勇敢的、不怕一切的碰碰看。

經營之神王永慶十五歲輟學做學徒，十六歲開米店，靠用心和勤奮努力站穩了腳跟，後來籌資創辦了台塑公司，五十年後台塑成為台灣最大的民營企業集團，經營範圍包括煉油、石化原料、塑膠加工、纖維、紡織、電子材料、半導體、汽車、發電、機械、運輸、生物科技、教育與醫療事業等；另一位香港人李嘉誠先生，擔任過推銷員，做過塑膠花的生意，做了地產之後，又做了股票和銀行生意。

事業本身沒有一件是壞的。而所謂壞的事業，它絕不是眞正的事業，它應是種犯罪的勾當。如把假藥當好藥賣給民眾，如此就不算上事業，是欺詐。

經常碰到一些公司推銷員，在大街小巷推銷商品。過去一問，有大部分人的家人反對他們做這一行。但是，如果不能克服羞恥心，又怎麼能賺大錢呢。

只要是合法的賺錢方法，沒有什麼可恥的地方。

不好意思都是自己想的

動物會不會有「不好意思」的行爲，這得問動物學家才知道，不過看來是沒有，因爲動物的動作都出自本能，無論是覓食或是求偶，想做什麼就做什麼。

人和動物不同，人會「不好意思」，之所以會如此，除了本身性格因素之外，禮教的束縛及文化的薰陶也是重要的原因，所以有些人動不動就「啊，不好意思！」這種「不好意思」的特質有時很「可愛」，有益人際關係，但相對的，有時也會讓人失去很多該有的權益及機會，因此，「不好意思」的性格特質有必要加以調整。

事實上，「不好意思」都是自己想的。也就是說，這是一種個人的反應，像有些事根本與道德、羞恥無關，別人也不認爲做了這種事應「不好意思」，但有些人就是不敢做，例如追求女朋友，有人就會「不好意思」，這種「不好意思」就是自己想的，而不是別人想的。

當今世界，人人暴露欲望，個個展現實力，慢一步就沒有了機會，因此面臨生存競爭，你應該認清「不好意思，自己想的」的眞相，大膽地表現你的想法，並採取必要的動作，否則你「不好意思」，別人反而笑你笨，尤其以下三件事，你絕對不能「不好意思」。

關於權益的事，你千萬不可「不好意思」，你應該大方大膽地爭取、保護，你如果因爲「不好意思」而喪失權益，是不會有人感激你的。

想拒絕的事。很多人就因爲同事、朋友、親戚的關係而不好意思拒絕，於是借錢給別人、爲人作保、甚至蹈險爲其「兩肋插刀」。結果一句「不好意思」，幫了別人，害了自己。

該要求的事，很多人就因爲「不好意思」，而有很多話「不好意思」說，結果事情做不好，對方得不到好處，你也苦了自己。尤其是當主管的，在工作上，絕對不可以「不好意思」要求，否則將失去權威，被下屬欺瞞。

這幾件事如果能做，不會「不好意思」，在人性叢林裡就不會有生存的問題了。

不過，「不好意思」的性格要去除不是很容易，只能慢慢學習，逐步改善，只要你願意，也能瞭解生存競爭的殘酷，經過一段時間後，自然就不會動不動就「不好意思」了。

一句「不好意思」，幫了別人，害了自己。

厚起臉皮，做自己的主人

白娘子和許仙千年愛一回。雖然時間長了點，但總算有那麼一回。

我們大多數人在滾滾紅塵中走了一遭，卻始終沒眞正活過一回。所謂「沒眞正活過一回」是指沒照自己的意願活一回。因爲我們一直是被他人領著走的。

從孩提時代開始，我們當中大多數人所受的教育告訴我們，世界上最高的獎賞莫過於得到他人的贊同。也許這些話語表達不出其中的眞諦，可是我們接受的一切正確、美好的教育中皆含有這種意思。

爲了討得父母雙親的歡心，我們俯首貼耳，言聽計從；爲了贏得老師的歡心，我們勤奮好學，規規矩矩；我們跟小夥伴一塊兒玩自己的玩具，這樣他們就喜歡我們。當我們試圖依照自己的意願行事時，我們就會被指責爲自私，爲人不齒。不知怎麼的，爲了獲得別人的贊許，在我們幼小的心靈中分不清什麼是好的思想、什麼是壞的思想。其實，那些教導我們辨別好壞的人們自己正是這種是非觀念模糊的受害者。

隨著我們漸漸長大，情況變得很明顯，老是聽從別人，尋求他們的首肯，並不是一條出人頭地的最有效途徑。儘管如此，我們當中的大多數人依然繼續這無益的行爲。有時候，我們雖然嘗試著做一些自私的舉動，可是由於受到早期環境的薰陶，我們往往發現它給我們帶來苦惱，「好」人不應該常常表現得自私自利。儘管我們知道自己在努力爭取獲得成功，需要採取某種以我爲中心的措施，但是我們仍然繼續要做好人，「所有的事情都自己扛。」這樣做的唯一報償就是我們自認爲自己高尚的「美行」是對的。

我們經常把對自己的關心和對別人的關心埋在心底，而繼續放棄我們按照自己的意願行事的權利來搏得別人的贊同，從而使我們失去了自然狀態。厚起臉皮則能幫助我們回到自然狀態，做一回自己的主人。

厚黑不僅僅是爲了個人的利益而主宰世界的明智之道，它亦是我們人類的自然狀態。但由於一些善良的人們比如父母長輩等，不斷地向我們灌輸我們應該怎樣舉止和應該怎樣感覺的一些準則，而使我們失去了這種自然狀態。也由於我們常常考慮著別人對我們的期待，因而依照他們的期望而塑造了自己的內在形象，從而使我們失去了這種自然狀態。因此要達到厚黑，意味著首先得恢復我們眞正自我的自然狀態，做一回自己的主人。

老是聽從別人，尋求他們的首肯，並不是一條出人頭地的最有效途徑。

第7張入場券：自我貶低

自卑

心態消極，缺乏自信，貌似老實本分，實則自欺欺人。

心態決定人生命運

兩個具有不同心態的人從牢房的窗口同時向外望著：一個人看到的是黑夜和天空中的烏雲，而另一個人看到的卻是黑夜裡朦朦的月色和雲縫裡點點的星光。

爲什麼有些人能夠成爲富豪？成爲富豪者首先即在於他具有積極的心態。心態不同，所看到的夜景是如此的不同。成功的創富者總是運用積極心態的黃金定律去支配自己的人生，用積極的心態來面對這個世界，面對一切可能出現的困難和險阻。他們始終用積極的思考、樂觀的精神、充實的靈魂和瀟灑的態度來支配、控制自己的人生。他們不斷地克服困難，從而不斷地走向成功。

而失敗者則精神空虛，他們受過去曾經經歷過的種種失敗和疑慮的引導和支配，以自卑的心理、失落的靈魂、失望的悲觀的心態和消極頹廢的人生目的作前導，其後果只能是從失敗走向新的失敗。至多是永駐於過去的失敗之中，不再奮發。

仔細觀察比較一下我們大多數人與成功者的心態，尤其是關鍵時候的心態，我們就會發現「心態」導致人生驚人的不同。

在推銷員中，廣泛流傳著一個這樣的故事——

兩個歐洲人到非洲去推銷皮鞋。由於炎熱，非洲人向來都是打赤腳。第一個推銷員看到非洲人都打赤腳，立刻失望起來：「這些人都打赤腳，怎麼會要我的鞋？」於是放棄努力，失敗沮喪而回；另一個推銷員看到非洲人都打赤腳，驚喜萬分：「這些人都沒有皮鞋穿，這裡的皮鞋市場大得很呢！」於是想方設法，引導非洲人購買皮鞋，最後發大財而回。

這就是一念之差導致的天壤之別。同樣是非洲市場，同樣是對打赤腳的非洲人，由於一念之差，一個人灰心失望，不戰而敗；而另一個人滿懷信心，大獲全勝。

拿破崙・希爾告訴我們，我們的心態在某些程度上決定了我們人生的成敗：

我們怎樣對待生活，生活就怎樣對待我們。

我們怎樣對待別人，別人就怎樣對待我們。

我們在一項任務剛開始時的心態決定了最後有多大的成功，這比任何其他的因素都重要。人們在任何重要環境中地位越高，就越能找到最佳的心態。而大多數人的心態缺少積極的因素，這也是造成貧窮的主要原因。

以自卑的心理、失落的靈魂、失望的悲觀的心態和消極頹廢的人生目的做前導，其後果只能是從失敗走向新的失敗。

為什麼會有「富者愈富，貧者愈貧」現象

財富對人生的影響無疑是巨大的，貧與富，劃分了人的社會階層，有錢與沒錢，影響了人的正常品質的表現和事業的發展。

一個在貧窮環境中成長起來的人，必然對錢看得有幾分沉重，即使有了錢，因這錢是血汗所換來的，也難得有一擲千金的豪氣，而家境本來富有的人，對錢的理解不是很深刻，自然就有了揮金如土的瀟灑。貧窮與富裕，培養出了人的不同性格，而這種性格的不同表現，也影響了命運的不同走向。

很多人認爲，一個人越是沒錢，越容易成功，殊不知一個窮小子成爲百萬富豪，在這個地球上是很少的，且不論他們的拚搏精神，他們的智力水準，他們的人生機遇……

很簡單的例子，一個人如果家庭貧困，缺少有錢有勢的親友依靠，雖然考上了大學卻上不起大學，只能在家裡負起生活的重擔，試想，與同齡的有錢人家的孩子相比，他是不是難以出人頭地，是不是因爲錢影響了他的一生呢？

經濟是基礎，對國家如此，對個人也是如此，無論是開公司還是經商，都需要財力的支援，拋開財力談致富，談創業，無疑是在遙遠的天邊想像出來的空中樓閣。我們的社會對此已經有了清醒的認識，經濟學家叫做前期投入，有投入才能有產能，才能賺

錢。即使我們個人要開一家餐廳，一家髮廊，首先得有本錢，如果連這點財力都不具備，還侈談什麼成功呢？

貧困階層是社會的最底層，他們長期生活在貧困之中，不但缺少奮鬥拚搏賺錢的最起碼資本，甚至在貧困的重壓下喪失了拚搏進取的能力，以至於喪失信心和勇氣，他們的人生依然是苦難的人生。

然而，對於富者來說，錢能生錢。他們想做一番事業有足夠的財力做保證。欲爲官者有錢可以體面地編織人際關係網，爲晉升拉選票築臺階；欲經商者有錢可以大把投資辦工廠、做買賣；欲成名者有錢可以出國留學深修學業，如果再有好的身體和好的性格配合，可想而知，成功怎麼會羞答答地閉而不見呢？

錢的問題，恐怕是當今社會無孔不入的一個大問題。對於錢的態度問題，則是人生觀的一個大問題。古人王衍，自命高潔，素日不言利不談錢，鄙夷地稱錢爲「阿堵物」，卻生來嗜酒，過酒店時常偷偷窺伺。宋耒笑他：「愛酒若無阿堵物，尋春奈有主人家。」引爲笑談。

所以說，人在錢面前是沒有清高可言的，若是撇清，反類俗情。不過回頭再說，錢的本質是爲人所用，若要把錢捧得高高的，見了錢便磕頭作揖，自降爲臣奴，也實不可取。錢物之類，有得用便足矣。

但「有得用便足矣」是對普通人而言，對那些想成就大事業和大功名的人來說，可就不是簡單意義上的「有得用便足矣」了。比如在美國，很多想當總統的人，除了有好的身體和好的性格能夠接近大眾之外，還必須有足夠的金錢的支持。

我們知道了財力的變化和作用，我們就不難理解這樣一個道理：越有錢的人賺錢越容易，錢越少的人賺錢越難，如果處於貧困的水平線以下，衣食不繼，生計無著，賺錢就更難了，這就是俗語說的富者愈富，窮者愈窮。

貧窮與富裕，培養出了人的不同性格，而這種性格的不同表現，也影響了命運的不同走向。

窮是求變的切入點

窮，像瘟神一樣令人惟恐躲之不及的字眼。窮，曾經讓安徒生筆下那可愛的賣火柴的小女孩在聖誕之夜悲慘地死去，也讓許多人債築高臺，跌倒在高利貸的大門外再也無法爬起來。

「人窮志短，馬瘦毛長。」「窮在鬧市無人問，富在深山有遠親。」誰願意過這個窮日子！所以，陳勝、吳廣才揭竿而起。

窮的臉譜是食不果腹、衣不蔽寒；窮的本質是金錢短缺，經濟困頓；窮的反響是人們不屑一顧的眼光。沒有一個人會安然於窮，除非他毫無工作能力。貧困、貧困，貧窮當然要受困，受困當然要求變。

大多數的富家之子，都只沉湎於舒適的生活當中，因而變得慵懶，不思進步，這些人往往在激烈的競爭中不是窮苦人的敵手。范縝是南北朝的思想家。他從小失去了父親，跟著母親過著窮日子。他聰明過人，很小就開始在家自學了。十八歲的時候，辭別母親，穿著布衣草鞋，徒步走了二十多天，行程一千多里，來到劉先生家裡求學。

當時，劉先生招收了幾十名學生。這些學生大多數都是達官貴人的子弟。他們一個個穿著華麗的衣服，坐著漂亮的馬車，還有書童陪侍，擁有侍候。看到范縝身上穿著帶補丁的衣服，腳上穿著草鞋，吃的是粗茶淡飯，就經常嘲笑他，在一起議論他說：「瞧他那個鄉下人樣，從那麼遠的地方來，卻連個車也沒有！」

范縝假裝沒看見，也沒聽見，因爲在他看來，學好了比吃好了、穿好了更重要。經過幾次交談，劉先生很快喜歡上了這個貧窮而有志氣的學生。

有一次，有個朋友問劉先生：「你的學生中，你認爲誰最有出息呢？」

「范縝！」劉先生毫不猶豫地回答說：「雖然他吃的儉省，穿的寒磣，但將來最有出息的也一定是他。」果然，范縝最終寫出了《神滅論》，成爲著名的唯物主義思想家。

王侯將相不是生來註定要成爲王侯將相的，貧賤的人，只要艱苦努力，有朝一日也會成爲人中龍鳳的。但成才的過程是艱難曲折的，也只有那些樹立鴻鵠之志的人才能取得成功。

歐陽修是北宋時一位傑出的文學家。他四歲喪父，家庭生活非常貧苦。因爲家裡窮，不但沒有錢供他上學、讀書，甚至連紙筆都買不起。母親就用樹枝兒在地上畫字，親自教他識字作文。范仲淹青年時，家境也很清貧。他沒錢不能上學，就一個人跑到吳縣城郊長白山的僧舍去讀書。每天晚上，他用米煮一盆稀粥，等到第二天早晨凝固成塊，然後用刀子劃爲四部分，早晚各取兩塊作主食，沒有菜，他就切上幾根野菜莖，加些鹽湊合著吃。由此可見，貧窮並不能阻礙有志者成功。相反，貧窮是一種動力。所謂逆境出人才，傑出人物的光芒，是經過現實嚴峻生活的磨礪而顯現出來的。

但是，貧困絕不是成功的必要條件，貧窮只是一個人主動求變的切入點。除此而外，貧窮便毫無意義。貧窮本身是一種罪惡，但是卻能激發人們從貧窮中掙脫出來。曾經一度做過只賺得一年兩百元薪水的克里威蘭特說：「可以興奮人的能力，發達人的精神的東西，再沒有比有目標與相當的貧窮的壓迫，兩者所聯合起來的力量更爲透徹，更爲有效了。」

其實，人生的奮鬥過程最主要、最明確的就是改善貧窮的過程，生活的理想就是爲了理想的生活。從人類最初的茹毛飲血、刀耕火種，到四大發明，到電腦網路的「地球村」，其變化的根源都是從改善貧窮落後開始的，每一次變化都向著富強靠近了一步。

窮，往往是相對而言的，錢少的人看錢多的人，認爲自己窮；事業發展中的人看事業發達的人，認爲自己窮。正是這種比較，正是認識到自己窮，才使得人生一直不斷地向著更高更好的生活山峰攀登。窮是人生變化的本源切點。

貧窮本身是一種罪惡，但是卻能激發人們從貧窮中掙脫出來。

腦筋差的人無需自卑

你可以經常發覺這樣的現象：你兒時的同伴，小時候並不聰明，人們並不看好他們會有大的出息，可是，現在他們卻是腰纏萬貫，令人刮目相看。

相反的，有些兒時學校成績呱呱叫，腦子靈活好用的人。長大後卻是默默無聞，經濟環境並不佳，大多過著平平淡淡的生活。

從中我們可以知道，會讀書的人不一定會賺錢，而腦筋不怎麼好的人，卻往往終有所成。造成這種現象的理由有很多，其中的一種可能是：腦筋好的人太過相信自己，因而忽略了實際的狀況。

就拿古代王安石變法來說，王安石的書雖然讀得很多，可惜消化不通，過於自信，結果新法不但不能將弱宋強大起來，反而引起了連串的派系之爭。

賺錢也是如此。光靠計畫是不容易賺大錢的。即使能按計劃賺到的錢，一定是個小數目。而聰明的人，大都想依計畫來賺錢，有了這樣的觀念，就會導致墨守陳規，基本上就不適合賺大錢。

賺錢的腦筋與讀書的腦筋，是不一樣的。賺錢的腦筋和追求女性的腦筋卻基本相同。一般成功的商人都是追求女朋友的好手。他們除了追求女性時訂出一些計畫外，敢於打破陳規，推陳出新，令女性防不勝防，緊守的堡壘隨之煙消雲散。而讀書優異的人卻往往只按計劃行事，在女性看來，呆頭呆腦，缺乏應有的勇氣，給他們機會也不能牢牢抓住。

人們會發現：捧球打的好的人，打網球也一定能打得好，讓他們去踢足球也不會差哪兒去。但是，讓數學專家去從商或牟取暴利，卻不一定能成功。

世界上很多腦筋好的人，不一定萬事皆成。因爲他們都以理論來解釋人生。如果光憑理論來賺大錢，第一個發現理論的人都能坐享其成。

會讀書的人不一定會賺錢，而腦筋不怎麼好的人，卻往往終有所成。

先要有成功的意念

很多人之所以一輩子默默無聞，苦苦掙扎，從根本上講，乃是他們的心底害怕成功，因而不敢選擇成功。

曾經有這麼一個人，他的經濟情況十分窘迫，他的太太也有很多委屈，說是不敢走出門外，因爲沒有一件像樣的衣服。情況確實令人灰心。後來別人給了這對夫婦一本書，希望這本書能幫助他們突破某些想法。這位太太瞥了一眼說：「我不看這種東西，裡面沒什麼可看的。」做丈夫的則說：「我要看，你擺著吧。」結果，先生開始有了不同的想法，他展現出一種全新的生命力。不到一年的時間，這對夫婦就買了新房，傢俱全部換新，甚至還有錢買了一部新車。

人們並沒有給這位先生任何金錢上的資助。當然，就他當時的情況來看，錢對他一定有用。然而，錢只能暫時助窮人一臂之力。關鍵是把他引導到正確的道路上，使他能運用思想的力量來改善自己的經濟狀況。這也正是其他想提高自身經濟能力的人所需要做的。如果不從根本想法上改變，我們永遠別想改善現狀。因此，我們要不斷告誡自己：我一定能成功！

然而，我們每天聽到的卻是這樣的話：「我很喜歡那個東西，但是我買不起。」「我買不起」「我花不起」，沒錯。你是買不起，但不必掛在嘴上。只要你不斷地說「我買不起」，那你一輩子就眞的會這樣「買不起」下去。選擇一個比較積極的想法。你應該說：「我會買的，我要得到這個東西。」當你在心中建立了「要得到」、「要買」的想法，你就同時有了期待，就在心裡建立了希望。千萬不要摧毀你的希望，一旦你捨棄了希望，那麼你也就把自己的生活引入了挫折與失望。

有一個默默無名的年輕人，他說：「總有一天，我要到歐洲去。」坐在旁邊的朋友一聽此話便笑了起來：「聽，這是誰在講話呀？」二十年之後，那個年輕人帶著妻子果然去了歐洲。當時他並沒有說：「我想去歐洲，就怕我永遠花不起這筆錢。」他心抱希望，希望就給了他動力，促使他爲了要去歐洲而有所行動。假如你說：「我花不起」。那麼一切就會停頓，希望沒有了，心智遲鈍了，精神也喪失了，久而久之我們就會讓自己相信事情是不可能的。而如果我們懂得運用「選擇的威力」，則能帶給我們希望、力量、勇氣，使我們能夠力行不輟，去獲取我們眞正想得到的東西。

貝爾發明電話之前，「電話」本來只是他心裡的一種想法；電燈泡在發明之前也只是愛迪生心中的一個想法。洛克斐勒在他還一文不名的時候曾說過，「有一天，我要變成百萬富豪。」他果然實現了願望。所以，你應該了解：一切你想要得到的東西在還未實現之前，本來都只是一些想法。你的經濟情況也一樣，先要有想法，然後才會變成現實。想法改變了，外在改變也會隨之而來。這可是一條永遠不變的法則！如果你經常說「我付不起」、「我永遠得不到」、「我註定是窮的命」……那你就封閉了通往自謀幸福的路，只有不時進行選擇性的思想，才會改變想法和現實，必要的時候，不妨運用一下想像力。你不會失望的。以前不敢奢望的好運會降臨，生命會有轉機，你的生命會出現一種嶄新的面貌。

這種威力——即選擇的能力，如果運用得法，將能使生活盡如人意，其效果屢試不爽。有一個年輕人，他有一個極其不尋常的經驗：他發現每當他存夠了兩萬元，就有事情來了，諸如一些小小的意外、不測的麻煩……總之他的存款老是無法突破兩萬元。我敢說這個年輕人一輩子都解不開這個結，除非他開始運用「選擇的威力」，以不同的看法來面對這件事。

還有一個年輕人，是個萬事通，他會的事情很多，所做的事也樣樣成功，可是奇怪得很，他從來都賺不到錢。大家都不懂到底爲什麼。他有野心，也很有人緣，個性也很開朗，就是在金錢上始終不得意。後來，他終於發現毛病出在哪裡了。原來問題就出在他老是說：「我樣樣都行，就是賺錢不行。」這種想法害了他，只要他想通了這一點，情形就會改變。他開始改口說：「我什麼都行，賺錢也不例外。」結果不到幾年，他的經濟情況就有了起色。他果然賺到了錢。自此以後，他的經濟情況一帆風順。本來這個人很可能是一輩子都是樣樣能幹，就是不會賺錢；但由於後來他領悟到他所「選擇」的是一條思想上的歧途，並設法糾正，他的經濟情況就此便有了好轉。發揮「選擇的威力」，會帶動出更強、更有效的賺錢能力。

錢只能暫時助窮人一臂之力。關鍵是把他引導到正確的道路上，使他能運用思想的力量來改善自己的經濟狀況。

自卑的危害

懷有自卑情緒的人，往往遇事總是認爲：「我不行」「這事我做不了」。其實，他沒有試一試就給自己判了死刑。而實際上，只要他專注努力，他是能做好這件事的。認爲別人都比自己強，自己處處不如人，這是一種病態心理。在創富過程中，這種心理是非常有害的。

危害之一，往往坐失良機。面對創富的機遇出現在眼前，不敢伸手一抓，不敢奮力一搏。未戰心先怯，白白貽誤創富良機。

危害之二，本來可以克服的困難，變成了無法跨越的障礙，使得創富功敗垂成。

危害之三，卑怯地自怨自艾。久而久之，自卑成「病」，失去創富的雄心和志氣。

如何克服自卑建立眞正的自信？這種自信不僅能夠爲你不斷發現自己各方面的優長之處，而且使得周圍環境也對你有這方面的相信。反過來，環境的相信又烘托你的心理，使得你能夠在這方面越來越發展。一定要根據自己的條件，橫掃身上的一切自卑情緒，這是非常重要的。任何人都有自卑情緒，包括任何一個偉大的人都有自卑情緒。

如何對待自卑情結是成功者和不成功者、人生完整者和不完整者的區別。自卑情緒有的時候可以轉化爲巨大的動力，有的時候可能轉化爲巨大的消極因素，關鍵看你如何對待它。這種轉化就是自卑轉化爲自信。一旦觀念一轉變，自身就變成自信了。

一切靠自己打天下，謀身立命，創建生活，這是一個多麼驕傲的品格。當你有了一個成功的人生時，這是你值得回顧的一個人生意味。如果你有點心理障礙，有點缺陷，你就自卑。那麼，我們可以告訴你，不必自卑。當你戰勝了這些心理障礙，你肯定比別人富有。

既不要妄自尊大，又不要自卑。要不卑不亢，要找到你自己眞正值得自信的那些優越之處。既不以那些愚昧、落後的東西驕傲；同時又能發現自己眞正值得驕傲的東西。克服自卑之病吧！只有如此才能笑傲商海，自信地創造財富。

自卑情緒有的時候可以轉化爲巨大的動力，有的時候可能轉化爲巨大的消極因素，關鍵看你如何對待它。

把自卑情結轉化為動力

我們能否將自卑的情結轉化爲動力，乃是決定人生幸運與否的一個重要指標。自卑感是邁向成功不可或缺的要素。比如，有人因沒考上理想的大學，或被大企業拒於門外而感到自卑，但如果能把自卑感巧妙地轉變爲動力，勇涉風險創業，結果獲得了成功；

有些人沒有受過良好的教育，因此造成心理的自卑，爲求出人頭地，於是奮鬥向上，最後終於闖出一番名堂。像這樣的故事不勝枚舉。

因此，有自卑感總比沒有的好。但是要記住，切勿將自己的自卑感表現在言辭上。如果話一出口或者是內心有了埋怨，便會引發負面的想法，反而會驅使運氣全部都跑掉。所以，當你感覺到內心存在著某種程度自卑感時，千萬不要說出口，也不要訴諸文字，只在痛下決心將自卑轉化爲力量，「你們等著瞧」，「我絕對做成功給你們看！」

所謂「自卑感」會隨著年齡增長而逐漸消失。等到了某個年紀會開始懷疑，當年怎麼會爲了這些小事感到自卑呢？這種心理變化或許是長大成人的徵兆，但反過來說，也可能暗示著自己在某方面已屈服於現實了。年輕時誰都會有崇高的理想，只是當理想在現實生活中落腳時往往就會出現極大的落差，這樣的差距不僅使人苦惱，更會造成心理上的自卑。因此，就某種意義上來說，「自卑感」也可以說是一個人懷抱著夢想的證明。

如今我們所看到的那些表面上成就卓著的人，大半都是夾帶著自卑感一路奮鬥過來的。而他們的自卑都有其個人的因素：或許成長於單親家庭、身體有缺陷、家裡窮得三餐不濟等。從小被欺侮、受到傷害的經歷促使他們有了不得不發奮圖強的念頭，這意念已形成了莫大的力量，激勵著他們咬緊牙關向前衝，最後終於出人頭地。

你若是問他們本人，當年刺激他們發奮圖強的自卑感是從哪兒來的，也許沒幾個人會記得。這是因爲當年的自卑感雖在內心形成一股勢不可擋的力量，然後一旦功成名就，夢想實現，一切便都拋諸腦後了。

話說回來，最糟糕的一種人便是走不出自卑情緒、凡事淨作負面的思考而終致一事無成。年輕時有自卑感是很正常的事，能夠克服這種心理障礙的人才能成功，而關鍵就在於要懂得化自卑爲力量。

當你感覺到內心存在著某種程度自卑感時，千萬不要說出口，也不要訴諸文字，只在痛下決心將自卑轉化爲力量。

說一句「我配」

我們覺得自己配得上財富，財富就會來。我們覺得配得上財富，就能享受我們現有的財富。「配得上」是打開財富之鑰匙。

這「配」字是既定的。我們如果有個東西——一個關係、一部車子、一個事業、生命——那我們就是配得上它。沒有某個東西，我們就是不配有。我們要某種東西的話，就得下工夫使自己配得上。

「配得上」與「自尊」必須有所分別。配不配，說的是我們是什麼、有什麼。自尊，指我們「覺得」自己是什麼、有什麼。

大家經常將兩者混淆。提升自己、得到更多，是使自己更「配」的過程。樂享我們所已有，則是提高自尊的過程。

我們要談「配」字，談從內在擴大我們裝這個「配」字的容器。

首先必須明白，這個容器已經多大了。你此刻是什麼、有什麼、做什麼，點出你目前的價值。省思一下你這一生裡已有的健康、幸福、充裕、財富、愛心、關心、分享、學習、知道自己要什麼、機會、享受與平衡。這是你已達到的價值。記住：如果你不配這些，你就不會擁有它們。

要使我們的人生有增加更多價值的餘地，我們必須擴大「價值容器」。我們經由肯定來做到這些擴大。

請別以爲使用肯定是什麼神秘兮兮的過程。我們隨時都在使用肯定，只是也許並不這麼稱它。

日常生活裡，得到我們想要的東西，其過程可能是這樣的：我們有個念頭：「有這個可能不錯」，於是我們對這個愈想愈積極——這就是一種肯定了。然後，我們決定，「我要它」，並愈想愈積極——這就是更多肯定。終於，我們配得上的容器充分擴大以後，我們行動，得到我們一直在想的這東西。

「消極」的肯定，也是如此。我們想要個東西，告訴自己說我們得不到它，說盡得不到它的理由，於是我們果眞沒得到它。我們「肯定」我們的容器不夠大，裝不進這新的欲求，於是它果眞不夠大。

我們覺得配得上財富，就能享受我們現有的財富。「配得上」是打開財富之鑰匙。

克服對貧窮的恐懼心

有些人因受到貧窮的肆虐，以致害怕貧窮，而無時無刻不在憎恨、反抗貧窮。但是一般說來，這種人的頭腦已困於否定的感情之中，而變得遲鈍，同時也失去了勇氣。

然而，貧窮的定義並非指錢財拮据。那究竟至何種程度才稱貧窮呢？這完全決定於個人的主觀。但不管怎樣，只要主觀地認爲「我是貧苦的」，則毋庸置疑，我們即可判斷這個人一定是貧窮的。

貧窮固然令人厭惡，但你若將其視爲成爲富豪之前所必需經過的一個階段，且將對貧窮的恐懼棄置一旁，則現在的窮困不過是即將躍向一個成功高峰的踏板而已。此外，也需要充分地認識不理想的條件（目前的環境），並予以轉化爲朝向即將要求的條件（成功）邁進時的推動力量。

如果目前的你在不得已的情況下必須節儉，那你就應認爲這是爲了幫助你了解金錢的能力。而只要支付名爲利息的正當使用費，就可使你名正言順地利用別人的金錢。短少資金，是讓你知道有這個方法存在的手段。

另外，你也要知道有許多教育是不必花學費的，偶爾自修反比學校教育更能獲得良好效果。

圖書館龐大的知識資料也可免費使用，同時產業界也正在張開雙臂等待著你的加入。我們的經濟社會是富於變化的，只要具有特殊才能，就會有充分發揮的地方。目前的經濟社會還到處存在著無法滿足的需要，而你，則很可能成爲滿足此種需要的人。

總之，要想獲得成功，首先必須拋棄對貧窮的恐懼，向前奮進。

> 且將對貧窮的恐懼棄置一旁，現在的窮困不過是即將躍向一個成功高峰的踏板而已。

自我貶低就是「降價處理自己」

很多人不是首先因爲別人看不起而垂頭喪氣，而是因爲自己總是愛貶低自己，所以變得無精打采，毫無鬥志。這些人誇大了自己身上存在的缺點和毛病。如果你認爲自己滿身缺點和毛病；如果你自認爲是一個笨拙的人，是一個總是面臨不幸的人；如果你承認你絕不能取得其他人所能取得的成就，那麼，你只會因爲自我貶低而失敗。

如果你總是顯出一副狡黠的神色，就好像撿了他人丟失的東西一樣，那麼，你將會被人們視爲小人。的確，其他人對我們的評價與我們自身的狀況、成就有很大的關係，而我們不可能擺脫這種關係。

有這樣一位公司負責人，他身爲董事長卻總是躡手躡腳地走進董事會議室，就好像是一個無足輕重的人，就好像他完全不勝任董事長的職位。作爲董事長的他竟然還感到奇怪，自己爲什麼只是董事會中一個無足輕重的人，自己爲什麼在董事會其他成員中威信這麼低，爲什麼很少受人尊重。

他沒有意識到自己應該好好反思一段時間。如果他給自己全身都貼滿無能的標籤，如果他像一個無足輕重的人那樣立身、行事、處世，如果他給人的印象是他並不了解自己、相信自己，那他怎麼能希望其他人好好地對待他呢？

如果我們對自己的前途有更清醒的認識，如果我們對自己有更大的信心，那麼，我們將取得更豐碩的成果。只要我們能更好地了解我們身上的潛力和高貴的一面，那麼，我們將會對自己充滿更大的信心。我們都受制於這一古老的教義，即認爲人類本質上是墮落的。但實際上，上帝創造的人類一點也不卑劣，一點也不墮落。我們身上卑劣和不好的一面都是我們自己造成的。上帝創造的人類是完美無缺的。我們面臨的問題便是，我們許多人只是上帝所造的人類的一種滑稽的仿製品。由於我們總是往壞的方面、差的方面想，因此，我們總是認爲自己渺小、無能和卑劣。如果我們想達到高貴傑出的境界，那我們應該向上看，應該多想想我們好的、崇高的一面。

古代神學最不幸的一方面便是認爲，人類在不斷地墮落，不時地從最初高級的地位墮落。而事實卻是人類一直在進步，一直在發展，但是，人類地進步受到這種自貶觀點的嚴重束縛。要知道，上帝創造得人類絕對不會墮落，使人類走向墮落的僅僅是人類看待自我的低劣方式，僅僅是人類錯誤的自我貶損的思想本身。

古老的神學總是教導我們要自我貶低。在這種神學中，有一種卑躬屈膝、乞求寬恕的意味。而在《聖經》中，則絲毫也沒有要人類在他的造物主面前像一個鬼鬼祟祟的人或一個奴隸一樣卑躬屈膝的意思。上帝創造人類並非要人卑躬屈膝，而是要他展現崇高的一面和神聖的一面。上帝之所以要人類直立，就是要他挺直背脊，正視他面前的任何事物，甚至包括造物主——上帝在內，因爲人是按照上帝的模樣被創造出來的。

如果人類本身就是一個貴族群體，如果他的血液裡流著貴族的血液，如果他繼承了上帝的崇高道德品質，那麼，他就應該用莊嚴和肯定的口吻勇敢地、充滿英雄氣概地宣佈他與生俱來就應該享有的權利。

我們面臨的問題是，我們並沒有充分保持那些優秀品質，我們對自己的評價並不是很高。如果我們反過來想的話，自然會有更好的表現，我們將在言行舉止中處處表現出崇高的一面。

如果我們以征服者的心態對待人生，會留給人們這樣的印象，即相信自己將來會有所成就，而且這種信心是堅強有力的，是充滿必勝信念的；如果我們以屈服者的心態面對人生，我們就會以悔恨、自我貶損和逃避他人的心態出現在世人面前。正是這兩種不同的心態造成了世界上人與人之間的差別。

爲什麼我們要哭哭啼啼、畏首畏尾地追隨別人，做人家的跟屁蟲呢？爲什麼我們總是亦步亦趨地去模仿他人，而不敢求助於我們本身的靈魂或思想呢？挺起胸來，昂起頭來，學會善待自己，好好評價自己，相信自己有能力做成自己決心從事的任何事業。

今天，在西方一些國家中，勞工階層之所以貧困和缺乏社會地位，大部分原因在於他們有自己低人一等的感覺。他們想當然地認爲自己低人一等，而不是以勇敢和獨立的心態站立於人們面前。

如果說有一種做法任何明智的雇主都會輕視，那它肯定就是員工對他的唯命是從、唯唯諾諾、百依百順和卑躬屈膝的討好心態。明智的雇主常常更喜歡他周圍那些能以平等身份接近他的人。他會本能地蔑視那種點頭哈腰、卑躬屈膝和唯唯諾諾的人。他絕不可能去尊重那些自我貶低的員工。他喜歡那些有骨氣的人、使他覺得具有人格尊嚴的人和渴望獲得尊重的人。

我們應該意識到，我們絕不可能完成自信心所不能承受的事情。

通常，一個人最大的缺陷就是缺乏自信心。絕大多數人的自信心都不足。許多失敗者如果在年輕時使自信心得到適當的調整和加強，那麼他們是完全能夠成爲成大事者的。

就拿一個膽怯、害羞、敏感和畏縮的人來說，如果不斷地教導他相信自己，開導他不要陷入自我貶低的泥潭，讓他相信會有光輝燦爛的前途，那麼他一定能成爲社會有用之才。對他進行不斷地訓練、調教，就可以使他充滿堅強的自信心。這種堅強的自信心不僅能增加他的勇氣，同樣也能加強他其他方面的能力。

其實，我們的整個生命過程一直都在複製我們心中的理想圖景，一直都在複製我們心中爲自己描繪的畫像。沒有哪一個人會超越他的自我評價。如果一個天才相信他會變成一個侏儒，並且一直那麼想，那麼他就會眞的成爲一個侏儒。一個人目前的整體能力是不是很強這一點倒不大重要，因爲他的自我評估將決定他的努力結果，將決定他是否能成大事。一個對自己信心很強但能力平平的人所取得的成就，往往比一個具有卓越才能但自信心不足的人所取得的成就要大很多。

低劣、平庸的自我貶低所產生的有效力量遠沒有偉大、崇高的自我評價所產生的有效力量強大。如果你形成了偉大、崇高的自我評價，那麼，你身上的所有力量就會緊密團結起來，幫助你實現理想，因爲人生總是跟隨你確定的理想走，我們總是朝著人生目標確定的方向走。

一定要對自己有一種高尚而重要的自我評價，一定要相信自己有非同一般的前途。如果你堅持不懈地努力實現越來越高的理想，如果你堅持不懈地努力達到越來越高的要求，那麼，由此而產生的精神動力就會幫助你去實現你的理想。

信心能極大地鼓舞一個人的所有其他能力，勇氣則是人的生命中一股極有力的力量。我們信心越大，我們享有生命的榮譽、掌握眞正力量的日子就離我們越近。

低劣、平庸的自我貶低所產生的有效力量遠沒有偉大、崇高的自我評價所產生的有效力量強大。

練習熱愛自己

心靈的力量是很容易培養的，因爲人的心靈是很單純的，唯一的要求是要相信你自己，肯定你自己，相信你自己是個好人，勤奮、努力、認眞、節儉，肯定自己的大方、仁慈、善良……但是，要人相信自己的最大困難，就是人永遠與別人比較：我不夠好，因爲別人比我更好；我不夠仁慈，因爲○○比我更仁慈；我不夠漂亮，因爲……人們總是有理由否定自己。

人是很有意思的動物，許多人很難愛自己卻要求得到別人的愛；看到自己的淨是缺點，但當別人指出它們時卻不高興；看不到自己的優點，但當別人指出它們時卻不能相信與接受，人是不是很奇怪？

其實，在你了解人性之後，你就會發現人的問題不少，其中有幾個是根本，他們就是愛與別人比較，缺乏自信，愛自我責備，針對這幾點，可以用下面的方法來改善。

第一，跳出「與別人比較」的模式，而成爲與「自己比較」的獨立的自我。做到這點很不容易，因爲我們從小到大所受的教育與社會影響多半是與別人比較，我們已經養成了習慣，但習慣是可以改變的，凡事起頭難，最好找一個好朋友一起做，彼此鼓勵，彼此切磋與支持。

第二，寫下你所有的優點。在許多場合下，要求參與者寫下優點時，他們覺得很困難，但要他們寫缺點時，卻又快又好，所以請大家花一點時間想想自己的優點，若想不出來，就問朋友或家人，有時候反而是別人知道我們的優點比我們自己知道得多。

第三，每天早上、中午及晚上念自己的優點三遍，剛開始可能覺得不自然甚至有些虛假，有了這種感受而仍然去做，在做了一段時間之後，你會發現優點增加了，就加上吧！越多越好。

第四，每天記下自己所做的事，在好事、好的表現如「努力」、「認眞」、「勤勞」等上面打一個記號，在需要改進的事及欠缺的方面如「驕傲」、「懶惰」等上面打一個記號，在晚上做一個總記錄，做完記錄之後，好好地欣賞與肯定自己所做的好事；對需要改進的事則告訴自己說：今天我有些自私，明天我會改進，做得更好些。要謝謝今天所發生的一切人、事、物，感謝它們使你有學習、改進和成長的機會。

第五，用幽默的態度「嘲笑」自己做得不夠好的地方，而不要嚴肅地責怪自己：你看，又犯了這毛病，怎樣搞的，怎麼這麼笨，老是學不會，難怪別人都不喜歡你！——轉換成：哈！哈！哈！你看你，又自我中心了！我是很努力了，但下次要更小心點，更努力點，哈！哈！哈！哈！最後，學習多欣賞別人的優點，包容別人的缺點。

肯定你自己，相信你自己是個好人。

培養自信的秘訣

科學家們揭示：世界上最偉大的天才，他們也不過使用了腦部潛能的十分之一。可見，人人都可以長時間有極優秀的表現，只須懷著自信。有了強烈的自信心，你想成就的任何事，都有了希望。

怎樣培養自信心呢？下面的一些方法非常有效，如果你感興趣，不妨一試。

第一，爲自己的能力劃一條界線。不要以爲自己是超人，什麼事都能做，天大的困難也不在話下，爲逞一時之能，做事不分大小，都想自己一一完成。這樣，由於力所不及就會在屢屢碰壁之下喪失信心。你應該爲自己的能力劃一條界線，估計一下自己到底有多大的能量，能完成哪些事情，然後再去盡力而爲。這樣，做事的成功率就大得多了。

第二，把注意力集中在自己的優點上。你的長處是什麼？優點有哪些？要好好思考，對自己有一個深刻的認識。如果你能把注意力集中在自己的優點上，堅持每天有意識地做些自己最擅長的事，即便是不足掛齒的事兒也要堅持不懈。發揮所長，工作自然會有出色的表現。而自己的成績不論大小，都能增強、支撐起你的自信心。

第三，自我欣賞與自我激勵。把你曾經妥善完成的工作或驕人的成就，清楚地列於紙上，來一個自我欣賞。這時，你將發覺自己突然勇氣百倍，確信自己的辦事能力勝人一籌。

第四，與欣賞你的朋友保持緊密聯絡。要有意識地去結識那些給你留下很深印象、且有你所羨慕的才華的人，特別是對那些懂得欣賞你的朋友，更應該保持密切的聯繫，經常把你的理想與計畫告訴他們，與他們共同分享你的愉快。由於他們了解你，對你有信心，一旦你對自己的能力感到懷疑時，就會有針對性地做些工作，使你不至於喪失把事情完成的決心。

第五，在失敗與錯誤中汲取教訓。學習從失敗與錯誤中汲取教訓，可以增加智慧，增加反敗爲勝的機會。因此，不論遇到什麼問題，哪怕是面臨失敗，也不要灰心喪氣，你要勇敢地正視它，以積極的態度尋找應變的方法。一旦問題解決，你的自信心將會隨之增加。

第六，認定目標，堅持到底。無論你採取什麼樣的自信方式，貴在堅持。對於別人的一些有建設性的批評意見，要虛心接受，好好反省；對於一些惡意的抨擊，大可不必理會。總之，要認定目標，走你自己的路，你將一定獲得成功。

人人都可以長時間有極優秀的表現，只需懷著自信。

第8張入場券：浮躁不實

空談

自以為是，缺乏務實精神，缺少持之以恆的好習慣和忍耐力。

有錢人並非開始就有錢

每天上班、下班、回家，過著同一步調的三點式生活，你肯定賺不了大錢！要不就是整天光想不做，盼著哪兒能揀到錢財，或天上掉下金幣，這樣能賺到大錢才是天大的怪事！

有了強烈的賺錢欲，才會鞭策你向賺錢之門邁出一步。而在努力的經營當中，你才能找到賺錢的方法。對自己沒有要求，也不做出努力，年復一年過著定型而單調的日子，你永無出頭之日。

這和追女孩子一樣。一位面目奇醜的女子很少能喚起你的欲望。而一位漂亮大方、性感多情的少女往往引起你的衝動。這種衝動引發你想擁有她，這樣你才會展開你的行動，訂出你的計劃，製造一系列與她接近的機會，這樣才能引起她的注意，從而與她相識，進而相知。

相反的，你只是傻坐在那兒，想像著她姣好的臉龐，修長的身材……永遠也不可能擁有她。所以，你要拿出點精神來，索性厚著臉皮試試看，要有耐心，不能著急，今日不生效，明日再試；今年不行，明年又來。對方對你的印象不深才怪。沒有這種衝的精神，沒有這種磨的勇氣，女性只會從你身邊一閃而過。

賺錢同樣如此，需要有勇敢的挑戰心，百折不撓的勇氣和信心，你才可能步入大富豪的行列之中，趕緊行動吧！要不鈔票會從你身邊溜走。

不管是誰，沒有一個人生來就有錢，鼎鼎大名的洛克斐勒和王永慶也是一樣。而他們之所以有錢，是因爲他們一旦有賺大錢的念頭就馬上一步一個腳印地去做。自那一刻起，他們就向發財之門踏上了第一步。

機會對每個人來說，都是公平的。在同一起跑線上，決定你是否成功的關鍵在於你能否有賺大錢的野心，以及爲之表現出挑戰的勇氣和魄力。

一旦有賺大錢的念頭就馬上一步一個腳印地去做。

從賺小錢開始突破

「以小搏大」是賺大錢的人常用的手段。但是，有些一心想發財的人，卻不屑於賺小錢，只想賺大錢，結果大錢小錢都沒有賺到。

世界上許多富豪都是從「小商小販」做起的。只有扎扎實實地從小事情做起，才能希望有朝一日做大事業。這樣的事業才會有堅實的基礎。如果憑投機而暴富，那麼財富來得快，去得也快。錢賺得容易，失去得也容易。

雖然我們有「從今天起開始做」的想法，但如果訂了過大的計畫，到後來難以實行，也不會有什麼結果的。因此，在創業之初，不要把目標訂得太遠，應從小處著眼。「萬丈高樓平地起」，不要認爲爲了一分錢與別人討價還價是一件醜事，也不要認爲小商小販沒什麼出息。金錢需要一分一厘積攢，而人生經驗也需要一點一滴積累。在你成爲富豪的那一天，你就已成了一位人生經驗十分豐富的人。

恐怕現在的年輕人都不願聽「先做小事，賺小錢」這句話，因爲他們大都雄心萬丈，一踏入社會就想做大事，賺大錢。當然，「做大事，賺大錢」的志向並沒什麼錯，有了這個志向，就可以不斷向前奮進。但說老實話，社會上眞能「做大事，賺大錢」的人並不多，更別說剛剛踏入社會的年輕人了。

如果眞能如此，應該具備一些特別的條件：

第一，優越的家庭背景。如家有龐大的產業或企業，可給你「做大事，賺大錢」提供足夠的財力支持。

第二，過人的才智。也就是說，你應是一塊天生「做大事，賺大錢」的材料！

第三，好的機遇。有過人才智的人需要機遇，有優越家庭背景的人也需要機遇，才能眞正「做大事，賺大錢」！

因此，你應該問問自己：

第一，你的家庭背景如何呢？有沒有可能助你一臂之力？

第二，你的才智如何，是「上等」「中等」還是「下等」？別人對你的評價又如何呢？

第三，你對自己的「機遇」有信心嗎？

事實上，很多成大事、賺大錢者並不是一走上社會就取得如此業績，很多大企業家就是從跑腿的當起，很多政治家是從小職員當起，很多將軍是從小兵當起，人們很少見到一走上社會就眞正「做大事，賺大錢」的人！所以，當你的條件只是「普通」，又沒有良好的家庭背景時，那麼「先做小事，先賺小錢」絕對沒錯！絕不能拿「機遇」賭，因爲「機遇」是看不到抓不到、難以預測的！那麼「先做小事，先賺小錢」有什麼好處呢？

「先做小事，先賺小錢」最大的好處是可以在低風險的情況之下積累工作經驗，同時也可以借此了解自己的能力。當你做小事得心應手時，就可以做大一點的事。賺小錢既然沒問題，那麼賺大錢就不會太難！何況小錢賺久了，也可累積成「大錢」！

此外，「先做小事，先賺小錢」還可培養自己踏實的做事態度和金錢觀念，這對日後「做大事，賺大錢」以及一生都有莫大的助益！

你千萬別自大地認爲你是個「做大事，賺大錢」的人，而不屑去做小事、賺小錢，你要知道，連小事也做不好，連小錢也不願意賺或賺不來的人，別人是不會相信你能做大事、賺大錢的！如果你抱著這種只想「做大事，賺大錢」的心態去投資，那麼失敗的可能性很高！

一些成大事的富人，無不從小事做起，從小買賣做起，從小錢賺起。賺小錢還有一個好處，就是積小成大，積少成多，時間久了，小錢也會變大錢！

只有扎扎實實地從小事情做起，才能希望有朝一日做大事業。

高不成，低不就

現在有很多人自恃有學識，在擇業方面條件要求非常苛刻，不願意遷就較低的工作，但往往又不能在更高位置上發展。

「低不就」的「就」有「遷就」、「姑且這樣過」的意思，當然條件一成熟，有了更好的位置，更好地待遇就飛走了。這個「就」字造成了許多人在低位上得過且過，當一天和尚撞一天鐘，不好好做現在的正職工作。低的沒做好，高的又盼不來，往往抱怨世間不公道，沒有慧眼識英才的伯樂，徒增晦氣，更懶於當前的工作。

當我們在不斷抱怨時，何不冷靜下來想一想：拿破崙是由普通炮兵做起；卓別林是從跑龍套起步；王永慶是從米店老闆崛起……他們之所以能「就」高位，原因在於他們「成」了低位。

在這裡的「成」，是要求在此職的人必須出色完成這份工作。不僅是因爲「成」低位才有崛起的資本，比如金錢、經驗，更重要的是鍛煉自己的心智，當有朝一日就高位時，時刻想到低位人員的難處，爲低位人員排憂解難，同時和他們協調起來，這樣才能同心協力，共同完成一項事業。

許多人在低位上得過且過，低的沒做好，高的又盼不來。

認認真真地對待每件事

我們每個人都希望引人注目，擁有自己的一席之地，取得成功。那如何才能做到這一點呢？其實辦法很簡單，就是儘快成爲你那一行的專家！「成爲專家」這件事的機運性很小，只要你肯下功夫，每件事都確實做好，就有可能辦得到，並且眞正受人注意與尊重，這樣自然在你那一行中佔有一席之地。

我們強調「儘快」，並沒有一定的時間限制，只能說要越早越好。兩年不算短，五年也不能說長，完全看你個人的資質和客觀環境。但如果拖到四五十歲才成爲專家，也不能說晚，但總是慢了些！因爲到了這個年齡，很多人也磨成專家了，那你還有什麼優勢。因此「儘快」兩個字的意思是——進入社會後入了行，就要毫不懈怠，竭盡全力地把你那一行弄清楚，並成爲其中的佼佼者！如果你能這麼做，你很快就可以超越其他人！

一般來講，剛走入社會的年輕人心情還不是十分穩定，有的忙於玩樂，有的忙於談情說愛，眞正把心事放在工作上的不是很多，很多人只是靠工作來維持生計，有想成爲「專家」的人則更少了。別人在玩樂、悠閒，這不正是你的好時機嗎？苦熬幾年下來，你累積了自己的實力，超乎眾人，他們再也追不上來，而這也就是一個人事業成就高低的關鍵！

那麼怎樣才能成功：做到每件事都確實做好呢？以下幾點你可以參考：

第一，選定你的行業。你可以根據所學來選，如你沒有機會「學以致用」也沒有關係，很多有成就的人所取得的成就與其在學校學的並沒有太大關係。與其根據學業來選，不如根據興趣來定。而不管根據什麼來選，甚至隨緣也好，一旦選定了這個行業，最好不要輕易轉行，因爲這樣會讓你中斷學習，減低效果。每一行都有苦和樂，因此你不必想得太多，關鍵是要把精力放在你的工作之上！

第二，勤奮苦學。行業選定之後，接下來要像海綿一樣，廣泛獵取、拚命吸收這一行業中的各種知識。你可以向同事、主管、前輩請教，還可以吸收各種報章、雜誌的資訊。此外，專業進修班、講座、研討會也都可以參加。也就是說，要你在所做的這一行業中全方位地深度發展。

第三，制定目標。你可以把自己的學習分成好幾個階段，並限定在一定的時間內完成學習。這是一種壓迫式的學習方法，可逼迫自己向前進步，也可以改變自己的習性，訓練自己的意志，效果相當好！然後，你可以開始展示自己學習的成果，你不必急於「功名成就」，但一段時間之後，假若你學有所成，並在自己的工作中表現出來，你必然會受到他人的注意！當你成爲專家後，你的身價必會水漲船高，也用不著你去自抬身價，而這也是你成功的基本條件。

不過，依靠扎實做好每件事而獲得成功後，你還必須注意時代發展的潮流，並不斷更新提高自我。否則，你又會像他人一樣原地踏步，你的「專家」之色也會褪掉了。

進入社會後入了行，就要毫不懈怠，竭盡全力地把你那一行弄清楚，並成爲其中的佼佼者！

多才多藝，不如獨精一門

《莊子》一書中，有兩個技藝超群的人。一個是廚房夥計，一個是匠人，廚房夥計即那位宰牛的庖丁，匠人即那位楚國郢人的朋友，叫匠石。二人的共同之處，就是技藝超群，簡直到了出神入化的境界。

先看庖丁，他爲梁惠王宰殺一頭牛。他那把刀似有神助刷刷刷幾下，一個龐然大物，便肉是肉、骨是骨、皮是皮地解剖得清清爽爽。他解牛時，手觸、肩依、腳踏、進刀，就像是和著音樂的節拍在表演。更奇的是，庖丁的刀已用了十九年，所宰的牛已經幾千頭，而那刀仍像剛在磨石上磨過一樣鋒利。

再看匠石，他的技藝也十分了得。郢人把白灰抹在鼻尖上，讓匠人削掉。那白灰薄如蟬翼，匠人揮斧生風，削灰而不傷郢人的鼻子。

古人講，凡是掌握了一門技藝，無論是做什麼的，都可以成名。只要有一技之長，就可以自立。的確是如此。過去老人總對年輕人說：「縱有家產萬貫，不如薄技在身。」這是最平凡最實在的道理。一個身心障礙人士，學會電腦打字，便辦起了小小打字社。他交貨時間及時，打字的品質又高，連一些著名作家也慕名而來，讓他打文稿。幾位大嫂，都是做飯行家，退休後總不能老靠一點兒退休金度日，一計畫，就辦起了「嫂子餃子館」。賣的餃子薄皮大餡，服務熱情，很快就興隆起來。和他們相比，無技之人的確是最苦。別說揚名，自立都很困難。現在的社會競爭激烈，沒有眞本領，很難在世上立足。

有些人瞧不起技藝，總想做大事。做大事是可以的，比如當總經理，從政做官，做科學家，理論家，等等。但一是要眞有那份才能，也要有機運；二是就是做大事，也常常離不開靠技藝做小事打基礎。這個基礎，包括鍛煉你的實踐能力，包括鍛煉你的意志，包括對基層實際的體察。有時一技在身，也能助你成就大事。

許多原被人視爲「雕蟲小技」的技藝，今天卻有了巨大的商業和社會價值，有的甚至變成一種產業。這種情況應當被有爲青年注意，在其中尋找成功的機遇。

一技在身，也能助你成就大事。

信心是發財之本，過分自傲卻是大敵

人必須謙虛，並且經常想：對待他人應謙讓一點，以及要隨時服務別人。

態度驕傲，沒有禮貌的男人，別人不會給他任何忠告，同時，也不會告知他賺錢的機會的。當然，他也絕對不可能獲得女人的好感。

以謙虛、溫暖的態度對待每一個人，你一定會獲得他人的好感。一般來講，男人若能眞正獲得女人的好感，也必受男人的歡迎。因此，「自信是成功之本」，並不意味著將自傲、過分自信表露出來。想獲得別人尊重的唯一要訣，就是首先尊重別人。

「我深信：只要是我想做的事情，就絕不會失敗的。」這種自信可說成是對自己的信仰。

即使失敗，也不能對自己的想法失去信心。一旦對自己失去信心，就無法做大的決斷。反之，這就是一種隱藏在內心的恐懼，不敢去幻想成功，更不相信自己會成功。因爲不相信自己的關係，不敢去嘗試一些新的東西，既然不會成功，「嘗試」只是浪費自己的精力。於是便顯得被動，沒有進取冒險的精神。

你還記得自己有時有些新奇的主意嗎？因爲自己不敢肯定，向別人請教，反而將這個新的主意奉送給了別人。有時想進行投資，聽了別人的話而改變了主意。結果大好的機會便失去了。這些現象都是不信任自己而產生的。

自信缺乏時常纏繞著自己，將自己弄得不知如何是好。如果不明白自己敵人的名字、住處、性格，認眞對付，好好克服，受害的人，將永是自己。

「要是我來做的話，一定會賺錢的。」「我要做的事情，不可能有錯的。」——有了這種對自我的信仰，才會有大膽的決斷。

只要是你想做的事情，就絕不會失敗。

錢財和水一樣，總往低處流

會賺錢的人應該是態度謙虛、老於世故的人。

擁有客氣的態度對於生意人來說具有特別意義。當然，對於顧客不一定要採取卑下的態度，但低姿態卻是做生意的一種手段。和氣生財也是指這個道理。假如持有「做生意就是做生意，沒有必要向顧客低頭」的想法根本不配稱爲生意人。生意人的目標當然是賺錢，爲了賺錢採取低姿態又何妨？

石油大王洛克斐勒也說：「當我從事的石油事業蒸蒸日上，我每晚睡覺，總會拍拍自己的額角說：『如今你的成就還是微乎其微！以後路途仍多險阻，若稍一失足，必致前功盡棄。切勿讓自滿的意念，攪昏你的腦袋，當心！當心！』」

這句話的意思也是勸說人們要謙虛，尤其在稍有成就時應格外當心，勿驕傲。

人們大都會有這麼一種心態，愈是謙遜的人，你愈是喜歡找出他的優點來推崇；愈是孤高自大的人，你愈會瞧不起他，更喜歡找出他的缺點，加以全力攻擊。

洛克斐勒正是明白這個道理，才說出前面的話，並且從中取得收益，因爲經過自我警惕後，因小有成而引起的過度興奮的情緒，便可平靜了。

金錢就像流水一樣，由高處往低處流，愈到下游，覆蓋的面積愈大，土地也愈肥沃。賺錢的情形就是這樣。採取低姿態，謙虛、滿懷感謝之心的人，金錢一定向他順流而去。愈是有涵養、穩重的君子，態度愈謙虛，相反的，毫無內涵、輕薄的小人，態度愈驕傲。

愈是賺大錢的人，態度愈謙虛。想要賺錢，你就要有謙虛的態度。如此，金錢必會像流水一樣，不間斷地向你湧來。

採取低姿態，謙虛、滿懷感謝之心的人，金錢一定向他順流而去。

如果你也有一個機會

窮人天天在等待一個機會，而日子則在等待中悄悄消失。

其實，他們應該看看成功老闆是怎樣等待機會的。成功老闆在等待機會時，能忍辱負重，到需要採取行動時，斷然決定，去創造機會。機會靠自己開創，而創造機會的關鍵，是把握有利時刻，果敢行動。

人們常常等待機會，他們究竟在等些什麼？有兩種情況：一是等待貴人扶持；二是等待一切預備妥當。

出門遇貴人，是值得慶倖的事。通常遇貴人是運氣，是偶然的意外，可就偏偏有人誤以爲是必然；於是，什麼也不做，只等貴人出現，滿以爲靠他扶持一把，自己不費吹灰之力就能出人頭地。

這種等待貴人的心態，其實是希望不勞而獲，想吃免費的午餐。

這種心態也成爲不去努力苦幹實幹的藉口：「我現在失意，只因爲貴人未到，如果有一天貴人出現……」

這種人把一生幸福，寄託在等待貴人的信念上，十分危險。但是，貴人有眞假之分，如不小心辨別，誤把假貴人當眞貴人，便容易受騙，蒙受損失。可惜，這種人往往受主觀願望蒙蔽，缺少應有的辨識能力。

沒有人會排斥貴人的，但我們對這種助力，應有正確的認識。一方面，我們努力苦幹實幹，創造有利條件，令貴人出現，並小心辨別眞假貴人。而另一方面，做充分準備，是把一件工作做好的一個條件。

可是，做好一件工作是一回事，創造機會是另一回事，不要把兩者混淆了，否則，就會出現空等的情形，徒然浪費生命。

從事一項特定的工作，需要多少個步驟，需要什麼條件，比較容易在事前計算清楚，只要按部就班去做，一步步循序漸進就行了。

創造機會有所不同，創造機會是掌握事業的方向，創造有利條件，令目標更快更易達成。但創造機會本身卻難於事前計算清楚。在創造機會時，要做足所有準備工作是不可能的。

機會出現與否，由多種因素決定，其中有不少因素是你無法控制的。你只能作最佳的計算，卻無法也不需把「一切」因素都計算得清清楚楚。

機會是不等人的，只要你知道機會的各項特性（暫時性、善變、罕見等），就會明白這個道理。怎能要求機會在瞬息萬變的形勢中停下來，等你做妥一切準備工作呢？這樣做，只會錯過良機。

我們在平日做好應有準備工作，這是必要的。當機會來臨，可別再拘泥於準備工作不足，得馬上把它捕捉。

遇到貴人是運氣，是偶然的意外，把一生幸福寄託在等待貴人的信念上，就十分危險。

習慣左右人的命運

良好的習慣會使人立於不敗之地，而壞的習慣則會把人從成功的寶座上拉上來。正是因爲習慣這種決定命運的力量，才使我們下決心徹底與壞習慣決裂。

在成功學中，你必須借著控制你的習慣，來控制你的行爲。你的思想和行爲，將成爲你自然現象的一部分，就好像冥王星的運行軌道是自然現象的一部分一樣。如果你能養成積極的習慣，則它所種植的種子也將是積極的。如果你培養出消極習慣的話，則這些習慣所撒播的種子也將是消極的，這就是爲什麼你必須經由自律控制你的習慣的原因了。

習慣是經由你的反復行爲，而變做你本能的一部分。如果你經由反復習慣，在你的思想中創造某種觀念時，習慣力量就會接收這些思維模式，並使它們變成一種永恆（但這種永恆的持久性，必須視你實踐的密集性而定）並發揮效用。

如果你能在每天的工作上重複同一行爲的話，就能使它變成一種習慣。你可能不知道你已培養出一種習慣，但是當你把同樣的行爲運用到其他方面時（例如購物或訪友），就會發現它的存在。如果在你邁向成功之路的過程中沒有注意到這一點的話，很可能會錯過成功的轉機，甚至可能會連你的任務都忘記了。這就是爲什麼你必須知道你的習慣並且控制它的原因。

如果你的心理狀態是貧窮的話，則習慣力量就會帶給你貧窮；反之，如果你的心理狀態是興盛與和平的話，則你就可從習慣那兒得到興盛與和平。

反復一個習慣可以強化它，並且最後使它變成一種執著。你可自行選擇執著於貧窮或是成功，這就是爲什麼我們一再強調「思想是你唯一能完全掌握的東西」的原因了。你必須控制你的思想，並進而控制你的習慣。人們克服自己壞習慣的過程就是超越自我的過程。

習慣力量不給你抱怨「從來沒有機會」的餘地，只要你有形成和表達你思想的力量時，你就有能力按照你的希望改變你的生活環境。如果你的生活還不是你所希望的那種樣子的話，就表示你已被習慣力量限制在你目前的環境中。但你可以改變它，以習慣力量爲後盾，並且因爲自律和個人進取心的作用所強化的明確目標，會把你帶到你希望的環境中。

如果你的心理狀態是貧窮的話，則習慣力量就會帶給你貧窮。克服自己壞習慣的過程就是超越自我的過程。

時間是悄無聲息地流逝的，在每一段時間裡，我們所做的事情並不都是有意義的，有些甚至是在浪費自己的時間和生命。浪費時間，也是我們事業中的一大敵人。

浪費時間，有兩種浪費方法，一種是主動浪費，一種是被動浪費。所謂主動浪費，指由於自身的原因而造成時間的浪費。譬如說，你明明知道睡一覺時間會白白地逝去，可你偏偏要睡一覺。所謂被動浪費，是指由於他人的原因或突發事件而造成的時間浪費。比如說在你工作時，你的同事與你白白閒聊了兩個小時，這兩個小時就是被動浪費的。

如何克服浪費時間的弊病呢？

第一，決不懶惰。人都有惰性。睡在陽光下，暖洋洋的不想起來，坐在樹陰下聊天不願工作，或沉迷於娛樂廳中流連忘返，致使好多應該做的事情沒有做，也使好多本應成功的人平平淡淡，其罪惡之首，就是懶惰。

懶惰是一種習慣，是人長期養成的惡習。這種惡習只有一種成果，那就是使人躺在原地而不是奮勇前進。因此，要想具有一定的成就就要改掉這種惡習。

一、要徹底認識懶惰的危害性。嗜睡，是人懶惰的基本特徵，可是到一定程度，嗜睡的人就會發覺經常睡覺會導致身體發胖。一個苗條健康的女孩子，如果認識到了這一點，就會改掉嗜睡的毛病。同樣，一個有惰性的人，認識到了懶惰所導致的後果，就會自覺地想辦法去避免。

二、合理安排日程表。一天的時間如果排得滿滿的，使工作壓得你喘不過氣來，促使你盡最大努力地投身到工作中去，你就會無形之中在忘我的工作中改掉懶惰。

三、展開獨立的工作。「在家有父母，出外有朋友。」這是很多人養成依賴心理，導致懶惰的根源。如果把你放在一個遙遠的地方，在陌生的環境中生活，你就會自食其力，改掉懶惰的習慣。

第二，不要拖拖拉拉。有的人在工作中，稍有不如意就不幹了或等待明天再做。這樣一拖再拖，就有很多的事情給拖拉下來，而時間卻悄無聲息地流失了。如果你有這樣的習慣，那你就是在浪費自己的生命。

對付拖拉，有三種有效的辦法。

一、養成良好的習慣。許多人的拖拉，是因爲形成了那樣的習慣。對於這樣的人，無論用什麼理由，都不能使他自覺放棄拖拉習慣。因此，需要重新訓練，培養他們良好的積極工作的習慣。

二、確定工作的重要程度。一個人再拖拖拉拉，到了非做不可的時候他就不得不做了，正如房子著火了，他就不得不迅速逃生一樣。明白了工作的重要性，他就不會再拖拉下去，以免造成危害。

三、委託他人。有的時候，你拖拉的原因也許是你不喜歡做，這或許與你的個性或專長有關。這時候，你可以把它委託給別人去做。這樣，事情也做了，你也不拖拉，對雙方都是一個好事。

第三，不做無意義的事。歷史上，有好多人就是在無意義的活動中浪費掉了自己的生命。

十八世紀初，由於能源的危機，人們幻想能製成一種機器，讓它日夜不停運轉，來供給其他物體做動力，並把這種機器叫做永動機。很多科學家都致力於這種永動機的發明研究，白白地浪費了自己的生命。

現在我們知道，世界上的能量是守恆的。一個機器，不供給它能量而讓它無限制地向外供給能量，是絕無可能的。研究這樣一件事情，是毫無意義的。

世界上有很多事情是值得去做的，也還有很多事情是不值得去做的。如果在不值得做的事情上過久地糾纏，不但會消耗自己的時間和精力，浪費自己的生命，還會引起錯誤的導向：一方面自己沾沾自喜，另一方面會引起其他人對這毫無意義的事情的追求。

我們所做的事情並不都是有意義的，有些甚至是在浪費自己的時間和生命。

第9張入場券：不懂理財

吝嗇

不懂理財，不重視金錢的周轉與投資，有守財奴的傾向。

動手來種錢

你可以種下一顆種子，不斷施肥澆水，培育它長大。這個辦法也可以套用在金錢上。

詹姆斯和恩里克是關係很好的同學，他們畢業後到同一家公司上班，由於他們所學的專業都是一樣的，所以他們在公司裡擔任職位的也類似，他們領取相同的薪水，兩人節儉的程度也差不多，因此每年都能存下一樣數額的錢。

所不同的是兩人的理財方式，詹姆斯將每年存下來的錢存在銀行，恩里克把存下來的錢分散投資於股票，兩人共同的特色是不太去管錢，錢擺到銀行或股市就再也不去管它們。四十年後，恩里克成爲擁有數千萬的富豪；詹姆斯卻依然只有幾萬元的存款。數千萬財富在當今的社會中，可以稱得上是富豪，但是每次提到幾萬，就會引起笑聲。原因是現代的「幾萬」已成爲了「無殼蝸牛」的代名詞，有幾萬元存款的人家現在可以說是比比皆是。

詹姆斯眼見舊時的同學兼同事，四十年來薪水收入相同，節儉程度相同，最後竟然能成爲千萬富翁。反觀自己，在同樣條件下，賺相同的錢，省相同的錢，最後連一間房子都買不起。直接的反應是：「他一定是貪污！」或是「他一定是中過什麼獎！」否則一樣賺錢、一樣省錢，最後的財富怎可能差那麼多呢？差到一個變成富人，一個變成窮人？

通常，貧窮的人對於富人之所以能夠致富，較負面的想法是將他們致富的原因，歸結於運氣好或者從事不正當的違法的行業；而還有的人是把富人致富的原因，歸諸於富人比我們努力或是他們勤儉。但這些人萬萬沒想到，眞正造成他們缺少財富的原因，是他們的投資理念。因爲窮人和富人的投資領域不同，富人多數的財產是以房地產、股票的方式存放，窮人多數的財產是存放在銀行。所有的這些，都是由一個因素所決定的，那就是——財商（FQ，Financial Intelligence Quotient）。

同時，要想躋身於致富之列，便要在思考模式上跳出傳統思考的框框。例如有一個成年人不會騎自行車，他看到一位小孩子正在騎，羨慕地對小孩說：「小孩子身手敏捷才會騎車。」於是小孩子教這位成年人騎車，而成年人也很快地就學會了。當成年人愉快地與小孩道別回家時，卻又是習慣性地推著車走，這就是無法跳出慣性條框的表現。

所以我們應跳出習慣性的框框，及早地進行投資，用錢來幫你賺錢，因爲多一分投資多一分收入。

> 窮人和富人的投資領域不同，富人多數的財產是以房地產、股票的方式存放，窮人多數的財產是存放在銀行。

你的財商（FQ）有多高

第一個問題：你會賺錢嗎？

這是一個看似簡單的問題，其實有很複雜的內涵。舉例來說，一個人的收入結構包括這樣幾個方面：薪水、獎金、銀行利息、債券利息、股票收益、保險收益等等；另一個人的收入結構僅僅包括薪水和銀行利息；第三個人放棄了大公司的高薪聘請，而去獨立經營自己的公司，你能判斷出哪一個更會賺錢嗎？

你知道富人是怎麼賺錢的？窮人又是怎麼賺錢的？比較他們之間的差別，你會有驚人的發現。

美國投資家、作家、日裔美國人羅伯特．T．清崎和美國企業家、註冊會計師莎朗．L．萊希特在合著的《富爸爸窮爸爸》一書中，透過分析富人之所以成爲富人、窮人之所以成爲窮人的各項綜合因素，認爲富人和窮人的區別是源於不同的金錢觀念。

窮人是遵循「工作爲賺錢」的思路，而富人則是主張「錢要爲我工作」。富人是因爲學習和掌握了財務知識，了解金錢的運動規律並爲我所用，大大提高了自己的財商；而窮人則是缺少生財理念，不懂得金錢的運動規律，沒有開啓自己的財商。儘管有的人很聰明能幹，接受了良好的學校教育，具有很高的知識和工作能力，但由於缺少財商，還是成爲窮人，成不了富人。

《富爸爸窮爸爸》一書中提到的富爸爸、窮爸爸都是聰明能幹的人，起初不存在貧富之分，但兩人對金錢、財務、職業、事業的看法有很大的不同，最終決定了一個終生爲財務問題所困擾，而另一個身後留下了數千萬美元的巨額財產。

中國和西方的社會制度不同，法律制度不同，市場發展程度也不一樣，賺錢的方式方法不能機械地照抄照套，但在市場經濟條件下，其市場理念和規律是基本相同的。否則，台灣經濟和世界經濟又如何接軌？金錢規律是市場規律的重要組成部分。賺錢，是在市場上賺錢，如果沒有市場知識，不懂得市場規律，不了解市場的供求關係和價格機制，能賺到錢才怪呢。

賺錢時應注意下列幾個問題：

無論你從事何種職業、何種技能，光靠辛勤工作、加班加給不行，只有靠大腦和智慧才能賺到錢。要懂得如何爲自己工作，建立自己的事業，如果你僅僅爲別人工作，而滿足於拿基本薪水的話，你只能解決溫飽問題；要懂得財務知識、金融知識、投資和管理方面的知識，要不斷學習、關注新的知識領域，因爲賺錢是一門學問；要及時把握國家法律和政策動向，特別是某些帶有傾斜性的產業政策往往潛伏著巨大的商機和利潤。

第二個問題：你會花錢嗎？

很多人都做過諸如「給你一百萬塊錢，你怎麼去花？」的測試題，其實這是對你的財商的一種檢驗。

有的人覺得這是意外之財，不花白不花，花了也白花，於是就在很短的時間內揮霍殆盡，最後又變成一文不名的窮光蛋，甚至還因此欠下了債；有的人也意識到這是意外之財，但他懂得錢能生錢的道理，重視這個天賜良機，用這一百萬在不長的時間裡又賺了一百萬，結果將原來的一百萬歸還給別人之後，擁有了自己的一百萬。這才叫會花錢。

現實生活中，的確有的人賺了不少錢，算得上會賺錢，但認眞計算一下自己的財產，除了一些不太値錢的東西之外，根本沒留下什麼錢財。這就是不會花錢。原因在於，他沒有用錢去購買資產，而是購買了負債，或者說購買了他認爲是資產的負債。

你如果屬於勞工階層而想購置家用高級休旅車，除了買車的費用，還要承擔燃油費、維修費、保險費、牌照稅等等各種附加開支，所以，把高級休旅視爲奢侈品，與其說是一種資產，倒不如說是一種負債。

花錢不能簡單地理解爲消費，更不能看成是揮霍，它同時也包含著投資的意思。可以說，從如何花掉一塊錢中，都能看出你對金錢的認知態度，反映出你的財商的一個側面。

國人講「把錢花在刀口上」，就是如何實現金錢價値的最大化的意思。國人習慣於節儉的生活，一向主張勤儉節約，反對奢侈浪費；另一方面又愛面子，講排場，出手時很大方慷慨；但終其一生也沒有積累下什麼資產。這是傳統中產階級經濟條件下的消費觀念。

花錢時應考慮下列幾個問題：

你是在購買消費品、奢侈品，還是在購買資產？購買消費品、奢侈品是一種使金錢消耗的消費行爲，購買資產則是一種使金錢增值的投資行爲。

你用它是購買資產，還是購買負債？這需要你分清什麼是資產，什麼是負債，在購買資產的時候又如何最大限度地規避風險或者把風險降到最低程度。

在買房子、購車等重大開支方面，要謹愼進行消費信貸，善於利用銀行存單、國債、股票、收藏品等的抵押價值。

要學會和保險打交道，花錢買保險是生活中的必要支出，有時爲了節省一點點的保險費，可能會造成巨大的財產損失。

第三個問題：你會賺錢嗎？

這是理財中的關鍵環節。社會技術進步和市場經濟的逐步成熟，使人們的投資和理財管道空前地寬泛起來，單一的銀行儲蓄顯然已成了過時的賺錢方式，建立一個有效的投資和理財方案已是非常必要。

經濟建設初期，人更多表現爲「單位人」，單位承擔了許多社會功能，如提供房屋、醫療、養老等等的費用，勞工的薪水收入只是用來支付基本的生活費用，賺錢的途徑和目的比較單一。市場經濟來臨時，意味著人逐漸表現爲「個體人」，房屋、醫療、養老、保險等等社會化，需要個人完全用貨幣支付，而不再是作爲一種免費的福利待遇。這就需要你對賺錢進行更多的籌畫和安排。

台灣家庭現在的基本形式是夫妻倆人加一個到兩個獨生子女的三口之家。其中，孩子的生活費用、教育費用都相當的高，結婚費用和房貸費用也是很大的開支，如果再負擔老人的醫療費用，更是一個無底洞。無論一個三口、四口之家或多口之家，如果對於收入和支出沒有一個合理的平衡手段，很容易出現一團糟的局面。

賺錢時應注意下列幾個方面：

從儲蓄型爲主轉向投資型爲主，在持有一定數量的新台幣、外幣儲蓄的同時，更大幅地購買債券、股票、基金、收藏品等具有增值潛力的事物。

增加在保險方面的投入。保險具有保障型、儲蓄型以及投資型功能，分醫療保險、養老保險、家庭保險及分紅保險不同種類，能夠提供有效的個人生活保障。

最積極賺錢方法莫過於擁有自己的企業了。企業是直接創造財富的組織，有發展前途的企業很容易吸引到投資，如果能夠上市就更好了，可以控制更多的社會資金。當然，這需要你具備很高的財商。

創造和積累財富是提高生活品質的必然行爲。爲了實現追求幸福生活的理想，擁有更多的社會財富，人們需要學習金錢的知識和規律，在重視智商的同時，把提高財商當做人生的重要目標之一，爲社會，也爲自己。

你知道富人是怎麼賺錢的？窮人又是怎麼賺錢的？比較他們之間的差別，你會有驚人的發現。

千金散盡還複來的氣魄

創立事業的人，多是拍手無塵的人，他們原來什麼也沒有，憑著自己的幹勁和信心，經過一段時期的努力之後，便拚回一個體面的家當來。這些白手起家的第一代，具有一切成就事業的條件，但他們欠缺了一樣先天的東西，就是輕視金錢的氣魄。

歷史上，唐宗漢武創造出了一個個輝煌時代。他們都有一個共同特點，就是繼承了祖先的富貴。也就是說，他們是二世祖，不用胼手胝足地去實實在在地做，便可以享有大量祖先遺留下來財富。

爲什麼白手起家的人，不能像這些二世祖般，建立出輝煌的業績呢？這裡存有一個心理因素，因爲出身富貴的環境，他們賤視金錢財富，往往一擲千金，毫無吝嗇，他們也沒有遭人白眼的自卑感，遭到困難時也憑自己的意志行事，不會因別人的批評而改變自己的主張。一個白手起家的人便沒有這些優點，因爲出身和奮鬥的關係，他們習慣受制於別人，處處的表現，都以迎合他人為標準，缺少一種我行我素的態度。

古代歷史上最傑出的商人陶朱公，曾經將這個道理明白地說了出來。陶朱公就是幫助越王復國的名相范蠡。他隱退之後就在山東陶縣開始做生意，陶朱公不久就成為富商。

後來，他的次子以謀殺罪在楚國被判死刑。陶朱公決意出重金派三子去救次子，他的長子卻以死威脅領命。陶朱公明知長子無力拯救次子，迫於壓力只得派長子赴命。

豈知長子在楚國吝惜金錢，到頭來領回的是贈送各大臣的金銀及次子的人頭。全家人非常傷心，唯陶朱公最平靜，因他早已料到此種結果。他說：「並非長兄不愛弟，而是長子出生的時候，家裡仍然貧窮，知道金錢的重要，而三弟出生的時候，家裡已經富有起來，習慣了千金散盡的奢侈生活，對於金錢，一向不計較，所以，三弟可以救二哥而長兄不能救弟弟。」

這種「千金散盡」的氣派，只在富貴的第二代世家子弟身上，憑一時之氣，可以建立唐宗漢武的事業，因為他們的人生，從未怕過別人的白眼和批評，所以成大功。

一個白手起家的人習慣受制於別人，處處的表現都以迎合他人為標準，缺少一種我行我素的態度。

不用死錢只用活錢

花錢也要花出個道理，千萬不可以莫名其妙地花錢。

許多女性在週年慶的季節搶購東西，一方面滿足了自己佔便宜的心態，另一方面，在別的女性對自己用誇張的語氣驚呼：「天哪！那麼便宜，你在哪兒買的啊？」的時候，虛榮心也得到了滿足。

有很多人花錢買東西只是爲了一個「願望」，並不是因爲生活上的需要。像是有機食品忽然大爲流行，於是大家一窩蜂搶著買有機蔬菜栽培器皿和蔬菜種子，這是健康的願望。

爲了一個美容的願望，寧願去買蔬果榨汁機，而不願意多買幾條抹布。想要抓住老公的胃，讓他每天回家吃晚飯，寧願去買個可以烤全雞的大烤箱，或是微波爐，而不願意去買個自己方便的洗碗機。這些都是爲了自己的願望、夢想而去花錢。

還有一些人花大錢是受了朋友的影響。這種心理非常微妙，跑了好幾處工地的預售屋，都沒看中一戶房子，但是只要朋友一講，哪個地方的預售屋實在是太好了，或是某個名人也買了一戶，於是二話不說，就付下訂金選購一戶。這種心理有將責任推諉於人的潛意識，彷彿如果是因爲別人的鼓吹而下決心，好像責任就可以推給別人。很多廣告商看中消費者的這種心理，於是就大打名人招牌來推銷商品。

然而，當女性的虛榮心獲得了滿足之後，才發現買的東西雖然便宜，但是家裡並不缺這一件。爲了一個夢想去買東西，並不見得划得來，因爲如果這夢想不能實現，買的東西就會被打入冷宮，只在心血來潮時，才會用一用。受朋友影響而花大錢更是要不得，在自己認不清現實的情況之下，如果吃了大虧，誰會爲你負責？就算心裡嘀咕那個害人的朋友，也沒人理你。

所以，這些會讓自己後悔的錢，是死錢！要記住！我們花出去的每一毛錢，都必須是「活錢」，活錢的意思是有代價的，值得的買回來的東西，剛剛好符合生活上的需求，並不浪費，就很值得。買回來的服務，能爲我們解決實際問題，無關自己的虛榮心，就很值得。買回來的知識，可以讓我們的人生更爲進步，心靈更爲充實，就很值得。

和朋友上餐廳吃完飯，掏張鈔票給美麗的女服務生，就不值得，因爲這種付出也只不過贏得回眸一笑，並不會因此多一盤菜。下計程車的時候帥氣地對司機說：「不用找啦！」只不過讓虛榮心暫時獲得滿足，也不值得。請外國客人到碳烤餐廳吃飯，結果點菜時才發現對方吃素，不但不值得，也難爲情啊！

會產生良好效果、更大效用的錢，就叫做活錢。看準了某個投資絕對賺錢，而且也絕對可靠，那麼投資下去賺了錢，這錢就是活錢。活錢使用在必需品上；使用在投資理財上；使用在健康和教育規劃上，就會讓自己積聚財富、成長茁壯。

但是，提醒你一句，有些活錢是僞裝的，可要非常當心。穿金戴銀、揮金如土的人，所鼓吹的賺錢妙方，可能就是活錢的陷阱，裡面藏著死錢的猙獰面目。到處吹噓自己接了多少國外大單的企業，所吸引來的活錢，可能會變成死錢。因爲從心理學上來說，只有那些沒有多少家底的人或企業，才會到處故意放話，告訴別人他們多有錢、多有前景，眞正的有錢人，想藏都還怕藏不住呢！

想想看，有賺錢的機會，誰會到處告訴別人，讓人搶著分一杯羹？

> 會讓自己後悔的錢，是死錢！會產生良好效果、更大效用的錢，就叫做活錢。

節約要有限度

從前有個富豪，他對自己的地窖和窖藏的葡萄酒非常自豪。窖裡保留著一罈只有他才知道的、某種場合才能喝的陳年酒。

該州的總督登門拜訪。富翁提醒自己：「這罈酒不能僅僅爲一個總督拆封。」地區主教來看他，他自忖道：「不，不能開啓那罈酒。他不懂這種酒的價値，酒香也飄不進他的鼻孔。」王子來訪，和他同進晚餐。但他想：「區區一個王子喝這種酒過分奢侈了。」甚至在他親侄子結婚那天，他還對自己說：「不行，接待這種客人，不能抬出這罈酒。」

一年又一年，富豪死了。像橡樹的籽實般被埋進了地裡。下葬那天，陳酒罈和其他酒罈一起被搬了出來，左鄰右舍的農民把酒統統喝光了。誰也不知道這壇陳年老酒的久遠歷史。對他們來說，所有倒進酒杯裡的僅是酒而已。

與之相對應，一位記者曾講過這樣一件事：

這位記者曾採訪過鋼琴大師魯賓斯坦，臨別時大師送給他一盒上等雪茄。這位記者表示要好好地珍藏這一禮物，鋼琴大師告訴他：「不要這樣，你一定要享用它們，這種雪茄如人生一樣，都是不能保存的，你要儘量享受它們。沒有愛和不能享受人生，就沒有快樂。」

金錢不也正如這美酒和雪茄一樣嗎？如果我們只知囤積而不知享用，金錢於我們又有什麼價値可言？當然，節約的念頭，必須常常放在心裡，以便約束揮霍。但是同時我們的所作所爲要與身分相稱，不要專做表面文章，最起碼的衣、食、住、行，不可過於節省，如果爲了節儉，連應有的生活樂趣也一概免除，那就失去節約的意義了。還有，客人來訪時，也不可過於節省，令人對你產生吝嗇之感。住處也要有基本的設備，不可忽略整齊清潔和通光透氣的原則。

任何美德，執行過度都會令人不悅。節約有個限度，要在很自然的境況下實施，如果節省到不合情理的地步，連最起碼的生活需要都來個七折八扣，那就不是節約，而是吝嗇了。

如果爲了節儉，連應有的生活樂趣也一概免除，那就失去節約的意義了。

好好享受人生

如果我們把賺錢看做是努力的目標，那麼我們就看不清金錢之所以發明出來的原因，也看不清金錢究竟爲什麼服務。

一個青年問他的媽媽：「媽媽，您想做東方的老太太還是西方的老太太？」

媽媽說：「我老了以後自然是東方的老太太。西方的老太太是怎樣的？」

青年說：「西方的老太太年輕的時候是漂亮的姑娘。大學畢業後，她找到一份收入穩定的工作；然後，她就向銀行貸款買了別墅和車子，又買了許多高檔生活用品，每月還利息，生活緊張充實而快樂。因爲她有很好的居住條件，又有車代步，各種人生的樂趣她都嘗盡了，等到她八十歲臨終的時候，恰好把銀行的貸款全部還清了，她安然地閉上了眼睛。東方的老太太年輕的時候也是一個漂亮的姑娘，不同的是，她找到一份收入穩定的工作後，就開始積累儲蓄，一年到頭辛苦勞碌，不捨得吃穿享受，最後八十歲時在病痛中死去。她的子女得到了她的遺產——一筆非常可觀的銀行存款，足夠買大房、名車和許許多多的生活用品。孝順的子女用存款中的一部分給東方老太太舉辦了風光的葬禮，可是，她生前卻沒有享受過什麼。媽媽您要做東方老太太還是西方老太太呢？」

東方老太太與西方老太太的對比，其實是一種生活態度的對比。你是願意好好享受人生，還是享受死後風光的葬禮？不同的生活品質，源於不同的生活態度。

從前有個磨坊主人，他很愛金子。這種愛佔據了他的整個身心，以至於他變賣了他的一切其他東西來買回他所深愛著的金子。然後他把他所有的金子都熔鑄成一大塊，把它埋到地裡。每天黎明，他都急急忙忙趕到地裡，把他的這一大塊光輝燦爛的財寶挖出來，把玩親昵一番。

有個小偷看到了磨坊主人每天早上這些偷偷摸摸的舉動，在一天夜裡，挖出了磨坊主人的寶貝，把它偷走了。

第二天早上，磨坊主人挖呀挖呀，但什麼也找不到。他痛苦地嚎哭起來，這哭聲撕心裂肺，最後走來了一位鄰居來看看發生了什麼可怕的事情。

當鄰居聽說是金子被偷了，就對磨坊主說：「你這麼悲痛幹什麼？你根本就沒有金子，所以你什麼也沒有丟。現在你可以假想你還擁有著金子。就在你埋金子的地方埋一塊石頭吧，假想一下那石頭就是你的財寶，這樣你就會再次擁有金子。當你眞的有金子時你從來就不用它，現在只要你決定還不用它，你就永遠不會失去它。」

在現代社會，西方很講究「敢於借貸、善於用貸、巧於用貸的個人理財法」。但在東方這種觀點仍很淡漠。現代人要有現代的理財觀，賺錢是一種本事，借錢花錢是一門更大的學問。

西方商場有句名言：「只有傻瓜才拿自己的錢去發財。」

美國億萬富豪馬克・哈德森說：「別人的錢是我成功的鑰匙。把別人的錢和別人的努力結合起來，再加上你自己的夢想和一套奇特而行之有效的方法，然後，你再走上舞臺，盡情地指揮你那奇妙的經濟管弦樂隊。其結果是，在你自己的眼裡，富人只不過是雕蟲小技，或者說不過是借別人的雞下了個蛋，然而，世人卻認爲你出奇制勝，大獲成功。因爲，人們根本沒有想到，竟能用別人的錢爲自己做買賣賺錢。」

愛默生說過：「我最需要的就是讓別人來強迫我做那些我自己能做，並且該做的事情。換問話說，就是需要一種壓力。」借貸一筆款項，給了你一種自然而然的壓力。因爲這種壓力，使你不得不放棄一些不必要消費的打算，同時，也改掉你懶散的壞習氣，使你手裡的資金很快周轉起來，自覺和不自覺地投入到工作的繁忙之中。

「你，別借人，也別向別人借。」這是莎士比亞在《哈姆雷特》中的表白。

莎士比亞的話過去一直被人們視爲至理名言。我們的長輩們也經常告誡我們：不要向別人借錢，也不要借錢給別人，貸款更不是什麼體面的事情。

的確，每個傾家蕩產的故事，十之八九皆因舉債過多。由舉債而導致敗家的例子眞是不勝枚舉，我們很多人的身邊也都有活生生的例證，因此才更使人聞之色變，以至敬而遠之。但是，試問你所知道的富豪中，在其白手起家的過程中，又有誰沒有借貸過。你會驚奇地發現：越會賺錢的人，通常借貸的錢也越多。

你是願意好好享受人生，還是享受死後風光的葬禮？不同的生活品質，源於不同的生活態度。

坐吃必然帶來山空

一個窮人在路上撿到一個雞蛋，回來後，他便高興地對妻子說：「我們可以致富了，我們現在有了一個雞蛋，我們可以把這個蛋借鄰居家母雞育成小雞，雞長大又生蛋，再孵小雞，再買牛，賣得的錢可以放債，日復一日，年復一年，我們就可以得到更多的錢……」

從這個寓言故事中可悟出一個道理：如果這個人不把得到的蛋拿去孵雞，而是吃掉，恐怕就難以實現創富目標。社會上確有一些先富起來的人，只顧眼前，不思長遠，總想把「雞下的蛋」吃光，盲目攀比、盲目消費，就像夢中發了橫財，不知如何是好，於是就賭、就吸毒、就比賽燒鈔票，而沒有想去擴大實業，拓展生意。因此，創富者應該明白家有金錢萬貫，不如投資經營的道理。錢再多也是有限的，「坐吃」必然導致「山空」。錢財只有流通起來才能賺取更多的利潤，才能使優裕的生活得到保證。

養成勤儉節約的美德，把自己的資金用來投資，是成功致富的人必須具備的素質之一。

從創業成功的人身上，都能見到節儉和投資創業的共同本質。然而，也的確有不少的低財商者，對這種精打細算的節儉作風不以爲然，還認爲太迂腐，太苛刻自己。他們不僅花費鉅資換取物質生活的舒適，更重要的是還企圖用錢買回自我優越感，於是炫富擺闊，奢靡無度，他們並不把錢用來進行投資，以期如「雞生蛋、蛋孵雞」般的創造財富，可以斷定，這種生活方式，即使家有萬金，也會「坐吃山空」。

一位成功致富的人士曾對資金做過這樣的比喻：資金和企業如同血液與人體。他告訴我們，即使一個已擁有一定財富的人，如果把錢用於盲目的消費，而不願意用來周轉，那麼對於未來的事業來說，就像人體有了充分的血液，但心臟已經壞死，不再能夠促進血液循環一樣，其事業也會靜止不動而死亡。只有把手中的錢再合理地運用到經營投資活動中，才能獲得更高效益，賺到更多的錢。

還有一個這樣的故事：福萊克斯曼在與妻子結婚時，還沒有在藝術方面取得任何成就，他只是一個技藝熟練、充滿希望的初學者。當約希瓦・雷納爾德爵士聽到他結婚的消息，他大叫：「福萊克斯曼毀掉了一個藝術家！」

但事實並非如此，當福萊克斯曼的妻子得知這一評論後說：「讓我們努力地工作，節儉地生活。只要這樣，你就可以繼續你的藝術，不要擔心，生活的困難會因爲節儉而顯得無足輕重，這只是我們有計劃奔向成功的過程而已。」他們果然很節儉，爲了賺錢，福萊克斯曼甚至承擔了徵收地方稅的工作。

充滿對藝術的熱愛並加上勤勞，這對耐心、勤勞、節儉的夫婦經過五年的小心積蓄，雙雙動身前往羅馬，福萊克斯曼邊研究邊工作，他大大地提高了自己的藝術素養，在那裡他獲得了第一雕刻家的榮譽，最終成爲了世界著名的藝術家。

如果把錢用於盲目的消費，而不願意用來周轉，就像人體有了充分的血液，但心臟已經壞死，不再能夠促進血液循環一樣，靜止不動而死亡。

理財方法不同擴大貧富差距

不少人將富人致富的原因，直接歸因於他們生而富有、他們創業成功、他們比別人聰明、他們比別人努力或是他們比別人幸運。但是，家世、創業、聰明、努力與運氣，並無法解釋所有致富的原因。你我都曾遇過不少有錢人，他們並非出身在有錢人家，也不是生意人；他們不見得很聰明，沒受過什麼高等教育；也沒有比我們勤儉，甚至不少人似乎整天遊手好閒。他們唯一比你強的，似乎只是他們很有錢。

到底那些富人擁有什麼特殊技能，是那些天天省吃儉用、日日勤奮工作的上班族所欠缺的呢？他們何以能累積起如此巨大的財富呢？

理財雖然必須經過努力儲蓄這一個步驟，因爲儲蓄是由無到有，積少成多，慢慢將零碎的資本集成一筆可觀並能助你達到目標的資本。但理財卻並不等於呆板地儲蓄，像守財奴一般守護著自己的錢財。如果什麼都不做，有錢就儲存起來，就理財的觀點而言，反而是一種愚昧的行爲。理財是要善於運用錢財，如果一味盲目儲蓄，反而使自己的資產受到通貨膨脹的無情侵蝕。

近年來通貨膨脹已成爲世界性疾病，如果你有收入，有積蓄，但不善於理財，你的積蓄回報升值率可能每年都沒有通脹率那麼高，可謂計畫趕不上變化，變成積蓄連年貶值。

面對變化，你可以「處變不驚」，可以「以不變應萬變」，可以採取相應不理的態度。但是，如果你知道變化對你會產生什麼樣的影響，你可能不敢掉以輕心。因爲各種變化的自然結果，都會造成重新分配，包括財富、權力、市場、人員……等等。以財富而言，投資環境的任何變化，自然會牽動各層面的金錢流動。的確，全世界的金融市場、資本市場、商品市場、現貨或期貨市場，每天都有數以億計的資金在交易，財富也因此而不斷地在進行重分配。

你的財富可能在重分配的過程中大幅擴增，也可能因而迅速萎縮。長期重新分配之後，可能使你成爲億萬富豪，也可能使你一無所有，端視你如何採取有效的理財手段，去應付變化。

理財卻並不等於呆板地儲蓄，像守財奴一般守護著自己的錢財。

儲蓄過多造成資源浪費

儲蓄固然是理財的第一步，但如果一味存錢，不作其他投資之想，往往也是理財錯誤的第一步。其錯就在於利率太低，不適於作爲大數額、長期投資工具。

國人之所以偏愛儲蓄，某些程度上是因爲其安全性。從某種意義上講，銀行儲蓄確實很安全。尤其是定期保密儲蓄，即使不愼將存摺丟失，他人也不可能輕易取走款項，個人仍可憑有關證明辦理掛失手續。而且，一筆存款，任憑社會經濟形勢怎麼變化，其主人都可按期得到一筆相應的收益。但是，從另外一個角度講，若論資產保值增值，銀行存款亦非最安全的方式，更談不上是個人最佳的投資途徑。若只爲了安全而將大筆資金固定存在銀行，你將失去其他許多回報率高的投資機會。

聖經上有一則勸人善加理財的故事，敘述一個大地主有一天將他的財產託付給三位僕人保管與運用。他給了第一位僕人五個單位的金錢，第二位元僕人兩個單位的金錢，第三個僕人一個單位的金錢。地主告訴他們，要好好珍惜並善加管理自己的財富，等到一年後再看看他們是如何處理錢財的。

第一個僕人拿到這筆錢之後做了各種投資；第二位僕人則買下原料，製造商品出售；第三位僕人爲了安全起見，將他的錢埋在樹下。一年後，地主召回三位僕人檢視成果，第一位及第二位僕人所管理的財富皆增加了一倍，地主甚感欣慰。唯有第三位僕人的金錢絲毫未增加，他向主人解釋說：「唯恐運用失當而遭到損失，所以將錢存在安全的地方，今天將它原封不動地奉還。」

主人聽了大怒，並罵道：「你這懶惰的僕人，竟不好好利用你的財富。」財富不善利用等於浪費金錢，浪費了天賦資源。故事中第三位僕人受到責備，不是由於他亂用金錢，也不是因為投資失敗遭受損失，而是因為他把錢存在安全的地方，根本未好好利用金錢。

錢存在銀行是當今投資理財最普遍的途徑，同時也是多數人理財所容易出現的盲點。多數人認為錢存在銀行能賺取利息，能享受複利效果，如此金錢已經做了妥善的安排，已經盡到理財的責任。事實上，利息在通貨膨脹的侵蝕下，實質報酬率極低，等於沒有理財。大筆存款資源未能善加利用，對個人是一大損失。

每一個人的理財最後能擁有多少財富，難以事先預測，唯一能確定的是，將錢存在銀行而想致富，難如登天，試問：你曾否聽說有單靠銀行存款而致富的人？將所有積蓄都存在銀行的人，到了年老時不但無法致富，常常連財務自主的能力都無法達到。選擇以銀行存款作為理財方式的人，其著眼點不外乎是為了安全，但是讀者必須瞭解：錢存在銀行短期是最安全的，但長期卻是危險的理財方式。

財富不善利用等於浪費金錢，浪費了天賦資源。

浪費招致散財

有的人，錢從口袋右邊進入，很快地就會從左邊流出來，無法在此種人身上久留。而另一種人經常揮霍金錢，也會在不知不覺中替自己累積不少惡孽，而招致散財的命運，所以說某人或許有相當好的財運在，但因浪費的習慣，導致金錢像水流般地保不住。以錢滾錢的招財法則，是無法適用在揮霍成性的人身上的。

常有人問，如何用錢才最正確？這眞是個相當難的問題。但是，必須得花的錢，以及沒有必要花費的錢，相信一般人都可以從自己的直覺分辨得出來。這樣一來，善加理財，你便會自然而然地朝向富豪的途徑上走去。

爲什麼浪費的人錢財會跟著流失掉？因爲平常花錢就像流水一樣花慣了，久而久之，手氣便也像花錢般，一到手的錢很快地像流水般無法保留在手中。揮霍無度，毫無節制，則財運也會像手中花錢的方法一樣，很快地便兩手空空。

一塊錢現在在一般人的眼中，是非常地微不足道。如果我們常以毫不在乎的態度去對待這種零碎的小錢，便表示我們不把錢財看在眼裡，所以財運便無法靠近到身邊來。

運，不是一種有形可求的東西，也不是有求必應的東西。對一般人來說，如果能將運氣暢通無阻的融入生活中並持續下去，則這便是人人所最樂意見到的。

錢，就是因爲要花它，要求助於它來改善生活品質、舒適的環境等等眾多因素，大家才會努力賺錢，以圓自己的夢想。所以吝嗇、浪費的人皆和財運無緣。

不使用錢，一味的想要將錢留在身邊，運氣便會隨著停止不動而失去活動。

有位吝嗇出名的老闆，某次在其屬下的結婚儀式上負擔了所有的費用。因爲這名屬下在他手下已做了二十年的事，二十年中，辛勤地爲他工作。所以在他結婚之日，其婚禮之鋪張豪華，令許多不知情的人以爲是哪個大財主的兒子結婚。爲什麼這位吝嗇出名的老闆會這樣無條件地負擔所有的費用？因爲二十年來，公司的成長，這位屬下盡了很大的力量。若從很虛淺的表面上看來，大家會覺得這位老闆何必在這位既非自己的兒子，也非親戚的人身上花這麼多錢。

但反過來看，這便是他適時花錢的時候。另外，這位老闆還送了這對新人一棟房子。由此可見，這位老闆並非是眞正吝嗇的人，該花錢的時候花，不該花的時候一毛也不會浪費。這便是所謂的召喚財運的哲學，也是一種用錢的哲學。

所以，如果想以錢喚錢，以錢滾錢時，適時的用錢是有必要的。而且太過吝嗇或太過於浪費，都是召喚財運的絆腳石。

該花錢的時候花，不該花的時候一毛也不會浪費，這便是所謂的召喚財運的哲學。

用小錢辦大事

俗話說「小富由儉」，確實節儉是持家之道，也是致富之本。靠節儉積蓄的，多半是不甚起眼的小錢，但是省來的錢也是賺來的錢，能否用小錢辦成大事，不僅是對毅力的檢驗，還是培養理財能力的最好學校。

其實小錢就如同象棋裡的小卒子，生手視它如草芥，高手則決不小瞧它，所謂小卒過河頂大車，關鍵看你怎麼對待和運用它。人們都懂得千里之行始於足下、聚少成多的道理，但大部分人都把它理解成一種信念，眞正實行起來的人並不多。

許多單身人士很希望有一棟自己的房子，只要下定決心，強迫自己從每月的薪資中扣下一部分存入銀行，然後設法把這筆錢忘掉。到月底不管財務有多困窘，或是看中了什麼衣物，絕不去動它。幾年下來，利用這筆錢作爲頭期付款買下了自己的房子。我們每個人其實都有這種能力，關鍵是我們做不做。

世界零售業之王、富甲美國的超級富豪、沃馬特公司的當家人薩姆・沃爾頓早年外出工作時，總是與下屬合住一個旅館房間，甚至有過八個人同住一間房的時候。後來他年事漸高時，才住自己住一間。而且他們只住普通飯店，用餐則光顧一些家庭式小餐廳。有人問他：沃馬特公司已是數百億資產的公司，爲何還如此精打細算？他說：「因爲我們珍視每一美元的價值。」這也許是他能成爲世界級富豪的原因之一。

如果我們每一個人都檢點一下自己的日常花費，搜檢一下自己的衣櫥、書櫃、甚至餐桌，我們可能會從中發現很多都是無謂的支出，若是把這些錢省下來，賺起來，今天很可能已是一筆可觀的數目了。當然用小錢辦大事，不是說小錢能直接辦大事，那是不現實的。得把瑣碎的、零散的收入積累起來，堅持下去才能奏效。而且單靠這種積累還不夠，還得以此爲基礎去滾雪球，去投資經營，小錢才會越滾越大，最終幫你成其大事。

用小錢去滾雪球的路徑現在是越來越多了，像投資股票、收藏、經商等等，無論哪種，你都在由小到大的歷練中，不僅獲得經濟收益，而且還會練出一手理財經營的才能。因爲錢小，你碰到的困難也就格外多，因爲用的是你的血汗錢，你就格外認眞。這樣用小錢辦大事，就像在軍隊裡當班長、在工廠裡當組長，雖然職務不高，但管的事情瑣細，關乎切身利益，因此會讓你磨練出一種實實在在的辦事本領。能用小錢辦了大事的人，有了大錢以後，就更容易把大事辦成功。

如果我們每一個人都檢點一下自己的日常花費，搜檢一下自己的衣櫥、書櫃、甚至餐桌，我們可能會從中發現很多都是無謂的支出。

第10張入場券：喜吃獨食

自私

小鼻子小眼睛的思想作怪，習慣自給自足、珍愛自己的東西，不能與他人分享利益。

合作賺大錢

你發財了！這裡面凝聚了你的心血，所以你並不必對別人客氣。對別的「暴發戶」嘲諷，更不必理睬。

不過，你應該自知：你不是單獨一己之力賺到錢的，持有憑一己之力便能賺大錢的想法，那是夜郎自大。個人的力量，畢竟有限。能賺大錢的人往往最知道如何借重別人的力量。當他遇到困難，非自己能解決時，就知道如何獲得別人的援助，他自己決不做過於繁重的工作。知道分工合作，他只做那些別人不會做的事。

請記住這個要則：你要獲得別人幫助，必先幫助別人。幫助別人愈多，未來的收穫也愈多，唯有愚蠢的人才想盡方法，去奴役他人，希望他人毫無條件地爲他盡力。

曾經名震一時的德國史汀尼斯公司後來爲何失敗？就因爲創辦人史汀尼斯先生雖然有超強的能力，組織規模龐大的公司，但因他未訓練和提拔合作者及職員，始終大權獨攬，直到他死後，公司便隨之而倒。

這種結局是必然的。史汀尼斯犯了一個大的錯誤：他自以爲靠本身力量就能賺到大錢。

有位朋友發了大財，他卻從不敢存這種自大的心理。他講了一件特別的事情。

他的辦公室比入口處稍微低一點，這是他特別設計的。這種設計的主要目的是：當客人由入口進入辦公室時，他站在較低的客廳迎接他們。這是種謙虛的表示法，也是種誠意的表現。

直到現在，這位朋友經商沒有失敗過。這都有賴於顧客、下屬、朋友等鼎力協助。所以這位朋友時時懷著感謝之心，回報大眾。

有了這種想法，就有可能避免獨斷專行，能坦然地接受他人的批評意見。如果你樹起了此類信譽，你的競爭對手會過來跟你真誠合作，而你的敵對顧客也會變成你忠實的顧客。

能賺大錢的人往往最知道如何借重別人的力量。

合作彌補能力不足

每個人的能力都有一定限度，善於與人合作的人，能夠彌補自己能力的不足，達到自己原本達不到的目的。

清末名商胡雪巖，自己不甚讀書識字，但他卻從生活經驗中總結出了一套哲學，歸納起來就是：「花花轎子人抬子。」他善於觀察人的心理，把士、農、工、商等階層的人都集合起來，以自己的錢業優勢，與這些人協同作業。由於他長袖善舞，所以別的人也爲他的行爲所打動，對他產生了信任。他與漕幫合作，及時完成了糧食上交的任務。與王有齡合作，王有齡有了錢在官場上打點，胡雪巖也有了機會在商場上發達。如此種種的互惠合作，使胡雪巖這樣一個小學徒變成了一個執江南半壁錢業之牛耳的巨賈。

自己力量是有限的，這不單是胡雪巖的問題，也是我們每一個人的問題。但是只要有心與人合作，善假於物，那就要取人之長，補己之短。而且能互惠互利，讓合作的雙方都能從中受益。

每年的秋季，大雁由北向南以V字形狀長途遷徙。雁在飛行時，V字形的形狀基本不變，但頭雁卻是經常替換的。頭雁對雁群的飛行有著很大的作用。因爲頭雁在前開路，牠的身體和展開的羽翼在衝破阻力時，能使牠左右兩邊形成眞空。其他的雁在牠的左右兩邊的眞空區域飛行，就等於乘坐一輛已經開動的列車，自己無需再費太大的力氣克服阻力。這樣，成群的雁以V字形飛行，就比一隻雁單獨飛行要省力，也就能飛得更遠。

人只要相互合作，也會產生類似的效果。只要你以一種開放的心態做好準備，只要你能包容他人，你就有可能在與他人的合作中實現僅憑自己的力量是無法實現的理想。

有一句名言：「幫助別人往上爬的人，會爬得最高。」如果你幫助另一個孩子爬上了果樹，你因此也就得到了你想嘗到的果實，而且你越是善於幫助別人，你能嘗到的果實就越多。

只要有心與人合作，那就要取人之長，補己之短。而且能互惠互利，讓合作的雙方都能從中受益。

攜手做出更大的蛋糕

但是有些窮人卻信奉另外的一種哲學。他們認爲，財富總是有一定的限度，你有了，我就沒有了。

這是一種享受財富的哲學而不是一種創造財富的哲學。財富創造來固然是爲了分享的，但是我們的注意力並不在這裡，我們更關注的是財富的創造。

同樣大的一塊兒蛋糕，分的人越多，自然每個人分到口的就越少。如果斤斤計較這樣的狀況，我們就會相信享受財富的哲學，我們就會去爭著搶食物。但是如果我們是在聯手製作蛋糕，那麼，只要蛋糕能不斷地往大處做，我們就不會爲眼下分到的蛋糕大小而備感不平了。因爲我們知道，蛋糕還在不斷做大，眼前少一塊兒，隨後隨時可以再彌補過來。而且，只要聯合起來，把蛋糕做大了，根本不用發愁能否分到蛋糕。

過去農村閉塞，獲取財富相當困難。一生中難得有一桌一椅一床一盆一罐。所以那時農村分家是件很困難的事情。兄弟妯娌間爲了一個小罐、一張小凳子，便會惡語相向，乃至大打出手。這是一種典型的分財哲學。

後來人們走出來了，兄弟姊妹都往都市裡跑，財富積累越來越多。回過頭來，發現各自留在家裡的眷屬根本犯不著爲一些雞毛蒜皮兒的事生氣。相反，嫂子留在家裡，屬於弟弟的地不妨代種一下；父母留在家裡，小孫子小外孫也不妨照看一下。相互幫助，儘量解除出門在外的人的後顧之憂。反過來，出門人也會感謝老家親戚的互相體諒和幫助。一種新的哲學也就誕生了，這種哲學就是：你好，我也好，合作起來更好。

遺憾的是，有些大學畢業生，大概是在校園待久了，居然信奉這樣的哲學：你必須踐踏別人，糟蹋別人，利用別人。還有一些學生，自己擁有的資源不願意與人分享，反過來，又想利用別人的資源，又不好意思張口。這樣的心態是一種大大的障礙，絕對不利於個人的成就與發展。

與人攜手，把蛋糕做得更大一些。這樣的話，你還發愁沒得吃的嗎？

只要蛋糕能不斷地往大處做，我們就不會爲眼下分到的蛋糕大小而備感不平了。

貪財之心不可有

利益獨享，的確是大快人心的事，但是，也別忘了，有發財的機會不可獨佔。

人爲財死，鳥爲食亡。這是在金錢社會中苦苦掙扎而命運各異的人共同發出的嘆息，這是一種赤裸裸的金錢關係的總結。

在人類出現以前，大概是獸類的世界。而自從出現了人類，人類便從混沌中發展成爲主宰一切生靈的高級動物。不知在何時，人們發現幾隻鳥爲了一顆果實而自相殘殺，然後才有了「鳥爲食亡」的感慨。隨著世界的變遷，人與人之間的競爭也趨激烈，人類大概不曾預料到他們會落入鳥類的同一命運。

爲了金錢，父子兄弟可以相互殘殺，他們的目的無非是爲了獲得供他們以生存的錢財。人類的無盡欲望又使自己變得更加殘忍，侵吞財產之心也隨之膨脹。

但是，單靠自己的力量賺錢，這在當今時代似乎越來越不現實了，甚至可以說幾乎是不可能的事情。越來越多的人懂得，要靠大家的協助才能發財賺錢。然而，並不是每一個人都明曉這個道理。

純粹從利己角度講，獨佔利益確是大快人心的事，這也正符合一般人的貪欲膨脹心理。如果天下錢財盡歸己有，那麼這個世界上唯我獨尊，他也可以天馬行空，率性而爲。望著一個窮困的人，他甚至可以在高興的時候加以施捨。但這其實是最沒出息的，可以說是白活一世。

有些窮人在還沒賺錢之前，也許有這樣的想法：「等賺了錢，我一定要好好回報他們。」「要是賺了錢，我一定把其中幾分之幾拿出來，分配給大家。」可是一旦賺了錢，想法則完全變了。稍有良心的，就拿出小之又小的一部分來「犒賞」大家。他們似乎忘記了要靠大家才能發財的觀念，一旦失去了這種觀念，人就會變得冷酷、貪心，最後當然要吃大虧。

筆者曾向一家公司董事長推薦一位相當具有本事的朋友。他是個賺錢的料，能力非常強。假若這位董事長能重用他，對公司一定有很大幫助。

果然這位朋友備受董事長的信任。他所設計的商品，推出後沒多久，就受到大眾的歡迎，賺了一大筆錢。可是，賺了錢的董事長卻沒有將紅利分給這位朋友。他得到的仍是固定的月薪而已。

這位朋友很快就被另一家同行公司「挖」走，這位朋友對那位董事長也疏遠了。由此，失去了這位朋友，這位董事長也失去了很多賺錢的機會。

這位董事長是位典型的具有獨佔利益觀念的人。也許他明白自己在做什麼，可是原始的戀財之心使他原諒了自己。筆者只能表示惋惜。儘管這位董事長有能力又很有經驗，但還不是貪財之心壞了大事嗎？

總起來說，這種獨佔念頭無疑的是人類原始「錢財歸我」的心理表現，其本身並沒有錯。但爲什麼會產生不良結果呢？細加反思，其錯的是不能好好地把握住這種心理，走過了頭。

> 要靠大家才能發財，一旦失去了這種觀念，人就會變得冷酷、貪心，最後要吃大虧。

儘量與成功者合作

成功者的情形和窮人正相反。因爲成功者高高在上，他們對命運已經有了感恩的情懷，這使他們在人際關係上顯得溫和而分享。

他們是成功的人，這是一個事實，因爲成功，他們處在社會生活的光彩之中，被人嚮往，有說話權。他們生活得有滋、有味、有體面，受到人們廣泛的尊重。但他們的成功也不是從天上掉下來的，他們也有自己成功的艱難史。除了個別僥倖外，大多都有著主觀努力的內在原因。

俗人會認為他們很幸運。對有運氣的人，應該去和他們分享才對。

走向成功或已經成功的人，他們不僅有運氣、很努力，受教育的程度也比較高，智商相對的比較高，因此他們有頭腦，有主見，對事物有自己的看法和判斷。知道什麼對自己有利，什麼對自己無利，自己應該維護什麼，抵制什麼。對自己的根本利益，他們會堅決捍衛。這種人由於有自己的頭腦，對事物拿得起放得下，只要與他們有利，他們也會主動地讓些利益給別人。

由於他們有資本，有見識，胃口比較大，如跟他們合作，他們不太計較小費，能幫的忙，他們也樂於幫。而且由於他們的能力相對大，所以他們出一點力，也能給你派上大用場，而他們也不覺得付出了什麼大不了的。

如果他們覺得你比較重要，對他們的確有用，便會更熱心投入，送你一路東風。在雙方有益時，他們的心理也比較明快，讓你能感到上等人的銳智和其他生命的可愛。

成功的人因為他們所處的地位比較高，雖然他們也會使用心智和謀略，而且還很複雜和出奇，但他們不太會使用小市民的算計，讓你感到窮酸和可憐。當然，成功的人由於他們的智商較高，見識較多，所受的教育相對較高，所以較常使用大腦，同時多利用上層的關係，使他們的報復或破壞的能量更大，打擊起來更有毀滅性。與上流人士打交道不能忽視了這一點。

正是因為成功人士的能力較強，社交圈子大，背景深厚，所以他們的人際關係是一種標準的資源，折騰幾下就是黃金。因此，透過與他們的合作，來巧妙地利用他們的人際關係——人際資源，也是一筆巨大的財富，而且其作用還不僅僅是財富就能涵蓋的。

從環境和成功對人的影響來看，成功的人大都比較有涵養，常三思而後行，比較溫和，能夠分享，使他們能夠呈現出上等人的文明色澤。當然，成功的人、上流人士，也有人性陰暗的一面。他們或許並不是透過正當途徑獲得社會殊榮的，爲此，他們更使用了一些極骯髒的手段，讓人性惡的一面更醜陋不堪。

而且，我們對成功人士的贊許，也不是爲著給這些人無聊地拍馬屁，而是爲你道出他們可以合作利用的一些有益的特徵性因素，供你事業人生，選擇合作夥伴而用。

如果你對成功的人根本瞧不起，你有更不在世俗標準之內的價值準則，筆者當然不便爭論，尊重你的見解，並爲你已經有了的別樣生活而祝福。

成功的人雖然也會使用心智和謀略，而且還很複雜和出奇，但他們不太會使用小市民的算計，讓你感到窮酸和可憐。

恰當地給人好處

在掌握賺錢機會的前提上，有一個較被忽略的重點，那就是——「Give & Take」平等交換原則。這句話的精神也就是「獨樂樂不如眾樂樂」。

具體來說，當你有了賺錢的機會，不要忘了主動給身邊的人好處。這裡所說的「好處」，可以是領帶或其他小物品，在某些情形下也可以是「一句話」。通常在交談的時候都是談些內心話，但偶爾也可以說些純粹討對方歡心的話，這有時反而比什麼禮物都要珍貴。

收到「好處」的人那種永志不忘的熱度會超乎你的想像。所以，不論是物品、言詞或者小道消息，我們要盡可能地付出，不要吝惜。不要只是想「Give & Take」，要用「Give & Take」的精神回饋身邊的人們。當你這麼做之後，將有意想不到的效果——不知不覺中，人力、情報與財富都會向你的身邊靠近過來。

相反地，持「Give & Take」的心態，只想從別人那兒撈到好處的人，是無法凝聚人力、情報和財富的。假如你想「得到」，必先從「給予」開始，這是你要獲得事物的最佳方法。

經營公司也是相同的道理。想要招募到優秀的人才，就必須先提出高薪的優厚條件，「想要馬兒跑，又要馬兒不吃草」，不啻是癡人說夢話嗎？每天淨是腦袋空想得到，就怎麼也到不了手，這不僅限於金錢方面，一切的欲望皆如是。倒不如想想怎麼做可以幫到對方的忙、可以贏得歡心，還比較實際一點。

這個社會上，有那種不給別人好處，只希望自己獨得一切利益的人。像這種只顧自己的人不值得相信，而且，這種做法可說是本末倒置。

想要獲取自身的利益，就得先給對方好處，因爲人是非常利己的動物，沒有任何利益做前提的話，不少人往往是不肯動的。其實，這無關好與壞、是與非，因爲人類的本性大抵就是如此。

因此，希望別人爲自己創造利益，卻不給對方任何利益，恐怕是一件很難達成的事。凡事都只爲自己考慮、只顧自己的人，過不了多久，就會失去所有的朋友，也沒有人會願意跟他合作，最後，終將遭幸運遺棄，跌入失敗的深谷。舉個顯而易見的例子來說，你天天到公司上班，你並不是因爲喜歡才去的，你是因爲月底可以拿到有形的報酬，所以才每天伸懶腰去上班。

常常有人想讓馬動，馬卻文絲不動，不管你再多用力拉推，牠還是穩若泰山。其實，想讓馬動是很簡單的一件事，你只要拿條蘿蔔在它面前晃幾下，牠就會動了。人也是一樣的，當你希望別人協助你時，你必須先付出利益。在企業家的家中，或公司、企業裡，我們常可看到有神龕或佛桌的設立，供奉著祖先或是神明。其主要目的是祈求公司、企業的生意興隆，以及自家人的平安及健康。不可思議的是，像這樣供奉著神明祖先的經營者，往往不但事業順利，也擁有萬貫家財。

三菱銀行的常務，市川伊三先生曾說過下列一段話：「誰都會懷念自己的父母，進而懷念自己的先祖。然後又會想到養育我們的父母以及祖先們的故鄉。這種對父母先祖的崇敬，使我們與曾經和他們共渡成長歲月的故鄉連結在一起。而這思親思土的心情，就好似一家企業的繼承人，想起創業維艱，進而想起創業前輩們努力奮鬥的情景。相信這種心是西方人無法和東方人比擬的。」

更直截了當的說法就是在於說明「感謝的心」之重要性。想到自己現在能生活在此，就應當感謝父母，甚至感謝我們的祖先。這樣，無形中更加強了我們的財運。

身上多了幾文錢，便桀驁不馴，自以爲是的人，財運絕對不會善始善終相隨他的。

俗話說得好：「稻穗結得愈多，稻稈就愈垂下。」當一個人越賺大錢時，心中越要存有是託他人之福而使自己賺大錢的心念。所以切記要和氣生財，以笑臉對待客人，不應以「我是有錢人」的態度來盛氣淩人，更要以感謝和謙虛的心來答謝他人的一臂之助。

不管接受何種人的幫忙，我們都應當常把謝謝掛在嘴上。縱使是我們到餐廳吃飯，接受服務生的服務，或是到加油站加油，或是在公車上找座位……只要是和我們有接觸，並接受幫助的話，我們都應打從心裡感謝人家的幫忙，點點頭向人家道謝才對。

於是「謝謝」這兩個字，便可以說成是讓我們的金錢財運再回頭的咒語。但若說這句話時如果不是打從心裡頭眞心的表達出來的話，便不能算是咒語了。

凡事都只爲自己考慮、只顧自己的人，會失去所有的朋友，終將遭幸運遺棄。

樹敵是賺錢的大忌

生活本身就是一場戰爭，有朋友，必有敵人，任何人都不能回避這一現實。

有的人自以爲只要過自己的生活，走自己的路，便不容易樹敵，事情往往和他們的願望背道而馳。因爲，如果想依照自己的理想走完一生，你絕不可能隨便與他人妥協。

「獨善其身」就個人來說，是一種高尚的品德，但在別人來說，並不見得不是虛僞。陶淵明不願「爲五斗米折腰」，這無疑是種不屈服於權勢的優秀品質，也與他們人生觀相符，但他由此得罪於權貴，他的一生不見得有善終。

因此，在現實生活中，你有一套自己的看法。但儘管你說得多麼正確，仍會有人持相反論調。倘若你不理會他們，一味堅持己見，你們之間必有摩擦。這種摩擦也會日益增加，最後勢必導致你們反目成仇。

你若想依自己的信念生活，那麼，應有一個認識，即不論身處何地，你的四周一定樹滿了敵人。當然，眞正的大丈夫是不怕他的敵人的。

就拿對待惡勢力來說。也許你是位餐廳的經理。這一天恰巧有幾位地痞流氓前來搗亂，向你索要錢財。作爲一個眞正的人，你是不會輕易屈服的。這樣也許你會被打個頭破血流。

可是要想到，在你身後有嚴正的法律和捍衛法律的執行機關。下次這幫流氓再來時，你就通知警察機關，讓員警來對付他們。而對方是流氓，沒有屈服的必要，更何況這種人就算你不願與他們爲敵，他們也不會放過你。你若持有這種看法，那是完全正確的。

但是，這種正義的態度用在經商的立場，卻不是聰明的方法。

在商場上，做任何一件事，若抱著「對惡勢力絕不妥協，絕不屈服」的態度，一定會傷害別人。如果堅持下去，就可能樹立很多敵人。敵人愈多，對賺錢愈不利。你應該明白這個道理。

某位公司的董事長，是位正直富有經驗的人。最近聽說他辭職不幹了，大爲驚訝。原來這家公司在討論放棄一項工程競標時，想以某種緩和的方法來解決。但是這位董事長卻不贊成。理由是這樣做會對不起與之有良好合作的公司，甚至整個社會。他提出公開的價單，實現公開競標。

這次「緩和」會議，正由於他的正義言辭而告吹。這位董事長也被看成是「異端分子」，遭到了大多數人的抵制。迫於壓力，這位董事長也只能辭職不做。而他的遭遇可以概括爲：樹敵太多，受到抵制。

敵人愈多，對你賺錢愈不利。

道不同，可以為友

你愛吃魚，我愛吃肉，但我們還是一桌共食；你有你的思維方法，我有我的思考方式，我們還是同席而坐。

你愛吃魚，我愛吃肉。雖然嗜好各有不同，然而我們還是一桌共食。若是我們每個人都嘗到了自己喜愛的食物，大家都會感到舒舒服服。要是你說你討厭吃魚，別人也不會因此排斥你，更不會命令你非吃不可。

若是我們能夠體悟到各自互異的本質，那麼便會對彼此的互異成趣，感到快樂。這種快樂可以穩定一個人的心。

「道」不同是正常現象，你信基督，我信佛，既然上天安排我們在一起，我們又能夠互相學習，取長補短。「道」不同又能怎麼樣呢？

不論各自有何不同，你我都各有長處與缺點。若是我們能坦然地不斷活用這些長處與缺點，即可提高我們的生活和思想境界。不必去批評責難，也不必去排斥，更別說懷疑別人是不是有什麼毛病了。

人類的生命是無限的，未來也是無限的。我們總是要尋求你我互助進步之道。

一個人如果自以爲眞誠，把別人都想像成爲表面功夫的僞君子，他一定認爲別人都對不起他。

要是一個人保持著嚴肅認眞、不辜負他人的想法，而別人也抱著如此一本正經、全力以赴的態度，那麼人人都能以自己的風格，默默地謹守自己的崗位，辛勤地工作。放眼所見，人人都從善如流、力求改進，人人都爲恢復善良天性而謹愼自守。如此一來，人與人之間就無所謂成敗勝負。

然而，要是一個人自以爲很眞誠，卻誤以爲他人都是作表面功夫的僞君子，那麼他必定爲「別人皆負我」的念頭所錮，而變得更加無視於他人，時時詆毀他人，於是乎眞正變成心狹氣窄的小人了。因此，即使人人從善如流，彼此卻互不信任，那就會削減了彼此的善，而更減低了大夥同心努力的工作成果了。

作戰的時候，有句話是：「知己知彼，乃兵家首要之事。」而許多武將也說過：

「雖爲敵人，其人表現卻頗傑出，令人敬佩。」這句話昭示我們，對自己和敵人都要給予正確眞實的評價。要是能夠體悟到「雖爲敵，亦可師」這句話的眞髓，瞭解對方也瞭解自己，那麼或許就能夠對你我存在的價值，有正確的認識與評價。能做到這一點，實乃人間偉丈夫矣！

若是我們每個人都嘗到了自己喜愛的食物，大家都會感到舒舒服服。

第*11*張入場券：本領陳舊

守舊

不善於學習新觀念、新知識，不能與時俱進，不知不覺落後於時代。

與時俱進，適應變化

墨守成規、自我平衡以及維持現狀的做法是窮人的通病。其實，這是一種自我毀滅性的劣習。因爲它不符合自然規律，客觀事實是：自然界、人類社會及人的思維都一刻不停地在變化。這些變化要求你的行爲規則也要不斷變化才能適應發展的需要。

窮人爲什麼要傻傻地去追求這種看似不可能的穩定呢？窮人爲什麼不敢採取相應的行動去對付這些變化呢？究其原因還是他們對未知領域的恐懼心理。

要克服這種心理，我們必須接受一個事實：你生活的外部世界是不會依賴你的主觀願望的，你必須調整自己去適應它的變化，而不是消極的應付這些變化。如果你能夠認識到這個事實，爲什麼不去想一想：變化既然不可避免，爲何不讓它產生點積極意義呢？這樣想一想，你就可以選擇「行動」來控制這些變化。

變化既然不可避免，爲何不讓它產生點積極意義呢？

善於靈活使用知識

人生實際上是在無知和求知之間的一場鬥爭。一旦一個人停止尋求知識和資訊，就會變得無知。因此，人們需要不停地與自己做對抗：透過學習打開自己的心扉，還是封閉自己的頭腦。

學校是非常非常重要的地方。在學校，你學習一種技術或一門專業，並成爲對社會有益的人。每一種文明都需要教師、醫生、工程師、藝術家、廚師、商人、員警、消防隊員、士兵等等。學校培養了這些人才，所以我們的社會可以興旺發達。但不幸的是，對許多人來說，學校是終止而不是開端。

在今天的世界，每個孩子都需要得到更多的教育，他們需要知道眞實生活中的遊戲規則。這就是今天爲什麼簡單地說「努力學習，找個好工作」是「危險的」。我們今天需要更加持續的教育，而現在的教育體系並不足以供應這些。

事業之路應該是擁有企業而不是爲企業工作。僅僅學習好，然後找個好工作的想法是陳舊的。我們需要新思想和不同的教育。也許設想努力做個好員工同時努力去擁有自己投資的企業會是一個更好的主意。

一九九六年，研究智力的一流權威之一，美國的羅伯特・J・斯特恩伯格博士出版了《成功者的智力》一書。該書指出：分析能力與各種成功之間幾乎不存在內在關係。

斯特恩伯格博士發現，成功者的智力包括三個方面的內容，分析能力只是其中之一；此外還有創造能力和實踐能力，或實際經驗。

在成爲百萬富翁的人當中，有許多並不是成績最優秀的A等生，但他們在學校裡的確學到了許多東西。那並不只是非常關鍵的基礎課程；自我約束與堅韌頑強也是學校經歷中所學到的重要的東西。

很多人以爲讀企管碩士（MBA）是做生意賺錢的捷徑，很多沒有大學文憑的經營者，也往往羡慕那些高學歷的人，他們總覺得高學歷等於財富，學歷高的人賺錢自然會很容易，財源也會滾滾而來。這其實是一個很大的誤解。

如果你沒有碩士、博士文憑，千萬不要洩氣，雖然說高學歷有助於你的事業成功，但眞正的成功與高學歷之間並非完全是個等號。不要以爲有高度的書本知識水準，便是成功的象徵，許多大學生因爲高不成、低不就而最終一事無成，就是因爲他們誤解了學問與成功的關係。

能夠踏上高等學府的台階，只是代表你對課本知識的領悟能力比較高，僅此而已。至於在社會上能否取得成就，則是另外一回事。讀書成績好的人，未必能夠在商場上得心應手，特別是那些死讀書的「書呆子」，在商場上的成績，很可能跟在學校裡的成績截然相反。誰也不敢保證一個醫學碩士在商場上肯定會強過一個職校生，也沒有人能夠打包票，一個哲學博士可以在商場上賺個大滿貫。正如一個讀書不成的小夥子，不一定必然窮困潦倒一生一樣。假若學歷能夠爲經營者帶來利潤，那麼大學的教授豈不統統都成了商場鉅子。

實際上，當今許多富可敵國的超級大亨，眞正是高學歷屬於知識份子的並不是很多。全球聞名的「松下電器」創始人松下幸之助的人生經歷可說是非常坎坷的。他出生時家境貧寒，剛上到小學四年級就不得不離開父母，來到大阪，開始了個人獨立生活的歷程。剛到大阪時，松下也不過是在一家小店當學徒而已。當今世界首富比爾蓋茲，可謂當今尖端技術領域最叱吒風雲的人物，他的公開學歷也不高，充其量只能算是個「肄業生」吧，可是他所取得的成就卻讓一個個博士望塵莫及。

知識本身不是力量，知識的力量在於使用、在於創新、在於活學活用。知識創新是眞正強大的力量，只有知識不斷創新，才能使認識不斷深化，轉化爲改造世界的力量。

對於經營者來說，從書本上獲得的知識固然重要，但是實地走訪廠商，向各地挨家挨戶推銷，可以獲得更實用更有益的經驗。因此，沒有學歷不可怕，關鍵是自己不要看輕自己。因爲一個人在學校裡所學的知識畢竟是有限的，有很多知識是在社會這個大教室所學到的，而且許多眞正管用的「生意經」也是不可能在書本裡學到的。

一旦一個人停止尋求知識和資訊，就會變得無知。

金錢跟著潮流跑

不管在哪個年代、做哪一行，唯有你的工作符合時代潮流的需要，才有賺錢的商機。那就好比貓總是挑溫暖的地方睡覺一樣。小說也好、商品也好、歌曲也好、電視節目也好，能夠跟得上社會脈動的便能成功，只要你成功了，財源便隨之滾滾而來。所以說，無論我身處什麼樣的年代，具備洞悉時代潮流的慧眼都是不可欠缺的。

倘若你能搶先嗅得時代的新趨勢，便能成功；反之，不關心外界的變化，只知墨守成規地工作，便註定要失敗了。不管你從事的是哪一行，這道理都是不變的；在流行的時裝界更是顯著。

在時裝界的眼中，迷你裙流行的時代，不論你怎麼穿都漂亮，一旦潮流過了，同樣一件迷你裙穿起來，怎麼看怎麼醜，而且再也沒有人會願意花錢買。長裙所受的待遇也是相同的狀況。這就象徵著：合乎時代潮流的東西，每個人都會趨之若鶩，而跟不上時代潮流的東西，任誰都不想花這冤枉錢。這就是人類普遍的心理。

食物也是一樣的。日式甜點流行的時候，每個人爲了吃上一頓都願意花錢，而且一旦過去，大眾就不屑一顧了。不論是汽車、服飾或食品，都不脫這種淘汰原則。總而言之，選擇符合潮流的行業來做，便能賺大錢。

要知道潮流的趨勢，搜集情報、詳加研究的功夫還是不可少的。

在未來的社會，從半導體、生物工程、太空事業等種種技術屆將至成熟，許多產業必會出現驚人的成長。趁此良機我們應好好思考一下，在這些趨勢當中，哪一方面和自己的工作、自己的專業領域最有關連。由此，你將能逐漸整理出對時代趨勢的理解架構。當然，爲了搜集情報，自然得付出一定程度的金錢和時間。

如果你對錢無法看得開，拿出薪水一、二成的數目來作爲搜集情報之用，就不大可能了解時勢的走向。在你埋怨「連看書的時間都沒有」之前，應該先去買個十本或二十本書堆在桌上。這麼一來，你不想看也不行。

爲了搜集情報，你必須付出時間與金錢，才能掌握時代潮流的趨勢。想要晉身富豪之列，非得從這兒入門不可。

倘若你能搶先嗅得時代的新趨勢，便能成功；反之，不關心外界的變化，只知墨守成規地工作，便註定要失敗了。

不斷地學習充電

在這個日新月異、網路資訊技術日益升溫的今天，你如果不每天學習，不充充電，那麼很快你就會落伍，就會被這個時代拋棄。因此，無論在何時何地，每一個現代人都不要忘記給自己充充電。尤其是在競爭激烈的資訊社會，個人必須隨時充實自己，奠定雄厚的實力，否則難以生存下去，一個有幹勁的人，時不時地充充電，就不會被社會所淘汰。

古代著名的大教育家孔子就常常強調幹勁及學習的重要性。在孔子的眾多弟子中，並非每一位都充滿幹勁，都勤奮好學。例如，宰予雖然有一副絕好的口才，但卻怠於學習。對於宰予，連孔子也不禁搖頭嘆道：「朽木不可雕也。」再多的責罵這種人也是難改其性，可以說這種人是不可救藥之徒，終將被社會所淘汰。

在學習的過程中，除了幹勁以外，還需要有另一種觀念，即學習充電的觀念，尤其在現在這個時代，「學而不思則罔，思而不學則殆」，正是最好的啓示。然而書本的知識只是基礎，必須再以自己的理解力將其消化吸收才行，社會是更大的一本書，需要經常不斷地去翻閱。須知，在現代社會中，不充電就會很快沒電。

現代生活的變化迅速，節奏加快，要求我們必須抱定這樣的信念：活到老學到老。你也應該記住：一步也不放鬆的人，是最難戰勝的勁敵。

我們常會有「那個人是屬於大器晚成型的」之類的話，意思是說，他現在雖然並不怎麼樣，但日後總會成功的。

同樣站在新的場所工作，有人能立刻得到要領而靈巧地掌握。這實在是很難得。但這種人往往在中途就做不下去，甚至退步變壞。與此相反，起先摸不清情況而不順暢地人他多方請教前輩或上司，同時自己也認眞用功並繼續保持這種態度，大致會獲得很大的成果。

人都是由許多人的幫助與指導才逐漸成長的。比如雙親、師長、朋友等的指導，在適當的時機恰當地施予，才能完成一個人的正常成長。可是，更重要的，就是對這種幫助與教導要自動去學習吸收。

大多數人從學校畢業後進了社會就失去進修的心，這種人以後是不會再有什麼進步的。反之，學生時代即使不顯眼，但到社會後仍然勤勉踏實地盡本分，自覺學習應學的事，往往都會有長足的進步。

能繼續保持那種態度的人是只有進步沒有停頓的。他一定一步一步隨著歲月踏實地發展，經過一年就養成一年的實力，經過兩年就養成兩年的實力。進而十年、二十年、三十年，各養成與其時間相稱的實力。這種人才是眞正的「大器晚成」。工作每天都有新情況，新挑戰，你每天都要面對新事物，學習與生活相伴，生活就是學習。對一份工作，許多人做一段時間就覺得沒意思了，想換一份工作，而換一份工作就得有條件，有實力，實力來自自身。現代社會的機會很多，你只要天天學習，你就天天有進步，就會天天有機會，你的生活就會富有生機。

假如你不想跳槽，想把現在的工作當做一生的工作，那以何種態度應付呢？如果因爲目前的工作進行得很順利就感到很放心，每天優哉遊哉的過安逸日子，那麼目前的情形就不一定能維持很久了。失敗的日子一定不遠了。

與此相反，能將這份工作當做一生的工作而埋頭苦幹，不斷進修、不斷創造新的東西，始終能「活到老學到老」，他的進步一定是無止境的。這種人就能日日以清新愉快的心，有效果地做自己的工作。這樣自然就有希望，不至於失去理想，當然也不覺得疲倦了。而這種人對自己的工作會有一股拿生命作賭注的熱忱，他把自己的使命刻在心裡，爲了使命，甚至願意捨命去完成。這裡所說的捨命，不是要眞正把生命丟棄，而是指讓自己強而有力地賣命。

社會是更大的一本書，需要經常不斷地去翻閱。

學問和賺錢

增長自己的才幹，積聚自己發財的本錢。

知識和學問曾在歷史上創造奇蹟。十九世紀的日本實行了一個大膽的變法計畫——

明治維新。從此以後，日本擺脫困境，將侏儒變成一個巨人。由此可見，知識眞的是力量。

既然知識是力量，爲何當今社會，充滿知識的人，很多是終生潦倒的呢？就拿那些博學的教授學者的工資來看，並不見驚人呀？反而那些沒受多少年教育的人士，卻擁有百萬甚至億萬的財富呢？從這點來說，學問和賺錢有時並不成正比。

賺錢無法光靠理論，因此，有智慧或學問的人，往往無法從事賺大錢的行業，而讓賺錢的機會白白溜走。這如何說呢？這是因爲太多的學問和知識，有時會變成一種包袱，反而將人的才能限制了。

這些人在做一件事之前，都會先仔細的算一算，如果認爲不合算，便會放棄。此外，當他們發覺在計畫之外，略施小技便能賺更多錢時，罪惡感也會跟著產生。因此，他們是不可能賺到大錢的。

太有學問的人往往具有正統的思想，當在賺錢時運用小小技巧就被他們所不齒。當一個教師辭去教職，改行經商時，他要忍受相當大的壓力。因爲人們一直爲「學而優則仕」、「萬般皆下品，惟有讀書高」的觀點所束縛。而中國傳統上的重知輕商的風氣驅使著人們去埋頭苦讀，以求出人頭地。可是書終究不能當飯來吃。

學問主要教導我們追求眞理。例如，不論多麼複雜的高等數學，都能以計算方式求出眞理。然而，光憑有知識有學問而想賺大錢，卻也不是容易的事。

眞正的學問，應是一套求生的方法和技術。書本的知識，反成次要。美國的汽車大王亨利福特，曾經有一次和某家報社打一場官司。因爲某報紙評說他是一個「不學無術」的人，當然他沒有受過什麼學府式的傳統教育。但他不服氣，於是雙方對簿公堂。主控方面便拿出一些問題來考他。汽車大王更生氣了，他說，如果我是一個只會善於答題目的傢伙，我哪會有今天的成就呀！你要的答案，我可以隨便命令手下給你完滿的答復。

當今社會，各大公司在招募人員時，首先看重的東西，不是文憑學位，而是一種「人際的手腕」，如果該人懂得去應付人際關係，建立龐大的關係網，便算是有學問了。而奇怪的是，很多人沒有這套基本的功夫。

太多的學問和知識，有時會變成一種包袱，反而將人的才能限制了。

對本行以外的發財機會要多留意

對於一個初入社會的人來說，不要太顧及一個月的薪水有多少。你應該去想自己能獲得各種可能的薪水，如技巧的增加，經驗的擴大，接觸面的廣泛。

一般拿薪水的工作，只是建造人格品性的材料，可以訓練才能，擴張精神，並不是榨出金銀的石礦。一個人只爲了薪水去工作，此外更無其他較高的動機，那是不明智的。

我們常常看見許多青年，在微薄的薪水下工作，但突然卻會變魔術一般的，跳一個新的台階，或被提升至高等而負重任的位置，或是通過別的途徑賺得了一大筆錢財。對於發財的道路往往與對薪水的態度一樣。發財的通道很多，賺錢並不是單純的事，也有些人意外地成爲大富豪。

有位朋友，在不久以前還在爲調度資金傷腦筋，沒隔多久看到他，卻儼然已是一位發了大財的富翁。

觀察這些人「突然」成功的原因，發現他們都非常注意自己本行以外的賺錢機會。有人所經營的行業，狀況一直不好。但因爲社會環境的急驟變化，使得此行業的生意從敗境復活，愈來愈景氣，甚至和此行業有關係的新產品也大爲暢銷。這種例子雖有，卻是十分幸運的人才能碰到。

一般來說，從事自己行業以外的生意，賺錢的機會較多。因爲它大都是一時的靈感，或友人提供的機會，所以成功的幾率較大。以自己原有的行業賺錢最理想，但若完全投入自己的行業，忽視了其他行業的動態，你很可能失去賺錢的良機。

從事自己行業以外的生意，賺錢的機會較多。

金錢可以使人充實

金錢可以做好事，也可以做壞事，關鍵是你用之有道，在滿足自己的生活所需外，還可以將之用於公共事業的發展。

諾貝爾是大家都很熟悉的人。現代社會中的諾貝爾獎金，是現代科學的最高獎勵，是眾多的科學家和科研人員夢寐以求的願望。在諾貝爾資金的鼓勵下，很多人爲了社會科技的進步，人類的健康，環境的清潔和社會的發展而辛苦工作，也正是他們的勞動，推動了社會迅速地向前發展。如果諾貝爾還活著，看到自己所創造的財富使這麼多的人受益，他一定感到無上的幸福。

其次，金錢使人獲得自信。所謂「財大氣粗」就是這個道理。世界上再也沒有比錢包鼓鼓的更讓人放心了。有了錢，就可以做自己想要做的事，充滿自信心來完成心中的夙願。

很多人在沒有錢之時，總是畏畏縮縮，看別人的臉色行事，一旦擁有大量的金錢，馬上就容光煥發，恢復到自然的自信狀態，生活在無拘無束之中。

再次，金錢可以使你更好地表現自我。口袋裡有了錢，就會使人更輕鬆自在。不必爲別人怎麼看你而過多憂慮，如果有人不喜歡你，沒關係，你可以找到另外的新朋友。

你還可以不爲日常生活的花費而操心，瀟灑地逛賣場、周遊世界。

常常感到拮据無錢的人，往往怕那些掌握其收入的人，有家庭的男人又怕被老闆解雇。當他們爲自己的某種嗜好花幾塊錢時，心裡總感到不踏實，會有一種犯罪感。這幾塊錢如果在家裡，夠一家人吃幾頓飯呢！因此，缺錢使人的欲望受到限制，使自己想做的事不能做，使人的個性受到極大的摧殘。

所以有了錢，就可以更好地發展自己，表現自我，趕緊來替自己找個發財之道吧！

金錢可以做好事，也可以做壞事，關鍵是你用之有道。

成功來自於夢想加努力

你是一個夢想者嗎？夢想，促使人生富有價值。它是把人類從卑賤中釋放出來，把人類從平庸中提升出來的一種動力。

現在的一切，只是過去各時代的夢想的總和，過去各時代的夢想實現的結果。沒有夢想者，沒有尋夢人，美國也許至今仍是一片未開墾的土地。世界上最有價值、最有用處的人，就是那些「能夠遠遠看見將來，預先瞻望到未來人類必能從今日所有的種種束縛、桎梏、迷信中釋放出來，能夠預見到事情的未來，同時也有能力去實現它的人。」夢想者永遠是那些能夠成就「似乎絕對不能成就」事業的人。

有人說，想像和夢想對於藝術家、音樂家、詩人大有用處，但是在實際世界中，卻沒有位置。

但我們知道，在各界取得巨大成功的人總是那些夢想者。如工業鉅子，商業領袖等大都是想像力很豐富的人。他們對工業、商業上的發展的可能性，均有先見之明。常常將自己從一切煩惱痛苦的環境中掙脫出來，沉浸於和諧、美、眞的空氣中，而這種能力眞是無價之寶，假使我們夢想的能力被奪去，恐怕我們中間再沒有人能有勇氣、有耐心繼續戰鬥下去了。

夢想的力量是人類神聖的遺傳。只要你堅信你的事業定會成功，一個美好的明天就會到來，那麼，創業的艱辛和今天的痛苦對你來說就不算什麼。但是應該注意，有了夢想同時還須努力實現。只有夢想而不去努力，徒有願望而不能拿出力量來實現願望，那是不能成事的。只有實際的夢想，加上堅韌的工作，才有用處，才能開花結果。

現在的一切，是過去各時代的夢想的總和。

第12張入場券：胸襟狹窄

偏激

心胸狹窄，心態失衡，對過去吃過的虧總是耿耿於懷，在憤憤不平中一事無成。

人窮志別短

你也許要問，萬一被欲望沖昏頭而落了個失敗的下場時，又該怎麼辦呢？我的建議是，你要迅速地整裝齊鼓，把失敗完全拋在腦後。常言道：「人窮志短」。當失敗時你愈是急著要挽救一切，好運就會離你愈遠，此乃身陷低潮的人會每況愈下的情形。所以唯有看開一點「留得青山在，不怕沒柴燒」，失去的也不要再去惋惜，如此才是上上之策。

在現實生活中，對自己天眞的想法缺點做過一番檢討之後，能隨即掃除陰霾、恢復開朗本色的人，最能迅速回到自己的生活原點上。反之，老是念念不忘損失的錢財，想盡辦法要將錢拿回來的人，多數會再碰上第二次。所以說，倒大楣只能怪自己運氣不好，當務之急是要趕快從厄運裡逃脫出來。

所謂「人窮志短」，說穿了，是因爲人沒有錢就會急躁，一急躁就無法看清正確的人生方向，如此就免不了再嘗敗績，如此惡性循環下去。所以說，做人眼光要放得長遠，並且要有「危機管理」的能力，這樣子或許就能避免「人窮志短」的窘境吧！

舉例而言，平時就可養成儲蓄的習慣以備萬一，而且要下定決心絕不隨便花用；平日也要建立起自己的人際關係，以防危急時可以有人商量、協助。如此一來，即使失敗時發生財務危機，自己已有了萬全的準備，便能順利渡過難關。

另外，還有一點很重要，那就是你要將未來可能會發生的問題先攤開來，想想眼前是否有阻止它發生的辦法，及未來問題爆發時的對策。

凡是成功的企業及企業主必定實施有「先行管理」的制度。也就是事前制定出工作計畫——當月要進行A事項，下個月要進行B事項，再下個月要著手C事項——而後傾全力達到目標，即所謂的「先行管理」。由於對未來的展望心裡有個底，會有什麼樣的問題發生也就了若指掌。所以說，實施先行管理的制度就等於是做好了危機管理。

相反地，有些企業與企業主之所以失敗，就是因爲沒做好先行管理的緣故。以「船到橋頭自然直」的散漫心態來做事，不僅無法預見問題，更無法做好危機管理。最後業務停頓，唯有宣告失敗一途，周圍的人也只能安慰你說：「你只是運氣差了點而已。」

企業要賺錢就要有看到未來十年內發展的遠見，一步步推展，像是招募人才、研究發展等措施。這世間所有的事皆源於因果循環的法則，所以，如果現在爲五年、十年後做好鋪路的工作，結果將會反映在五年後、十年後的成績上。反之，如果沒有穩固後盾的公司，當日的營運都顧不了了，何來先行管理可言；只能汲汲營營於眼前的工作，一旦發生問題，過去的心血便頓時付之一炬。這正反映出「人窮志短」的道理。

但千萬不能拿「公司不賺錢，所以目前也騰不出空來」爲藉口，而限制了自己的發展。先行管理也是要透過習慣養成的。你可以試著一步一步來，慢慢地把每次制訂目標的期限拉長。

當然，一下子要你制訂未來十年內的計畫是有些困難，不過可以學著從未來一個月、兩個月內的先行管理開始，如此可使你防患於未然的可能性倍增。只要不發生問題，慢慢就會覺得行有餘力；而行有餘力就可以進行更長遠的規劃，如此一來，便可望跳脫「人窮志短」的惡性循環，而轉化為「良性循環」。

失敗時你愈是急著要挽救一切，好運就會離你愈遠。

做人要往前看

有些人在遭遇挫折之後，一直爲自己爲何犯下這樣的錯誤而耿耿於懷，如此一來只會給自己增添不必要的困擾。我們固然需要去分析、反省失敗的原因，但老是爲了無法挽回的事情而苦惱，只會使你與好運絕緣。

基本上，做人要懂得往前看，過去的經驗僅能作爲借鑑，提供選擇未來要走的方向而已。人生好比大江東去，已然流逝、已經結束的事物是絕不會有任何改變的，既然無力挽回還不如忘記的好。

但是請你記住，「現在是過去的結果，未來也會是現在的結果。」這句話也就是說，凡事都有「因果關係。」如果覺得自己當前的運勢不錯，那是因爲過去你做了些有助運勢逆轉的動作；相反地，如果覺得自己的現況不佳，那是因爲你過去播下了不好的種子。因此，當發生某種不好的結果時，要仔細去分析，是什麼樣的原因導致這樣的結果產生。如此的反省對未來的發展有著絕對性的影響。

自身不努力，只會空待幸運從天而降，就好比有人不播種卻等待豐收，或者是種了葡萄種子卻等待收穫蘋果的癡夢。今日我們所播種的種子決定將來收成果實的品質，所以若想採收成功的果實，就得播合宜的種子。你可以從過去的經驗來判斷什麼樣的種，仔細的分析過去「這是好的，那是不好的，這樣的話接下來應該是這樣種……但如果發現缺點就應該改進」。

一旦被欲望沖昏了頭，種了黃瓜的種子，你也會誤認將會結成香瓜。就因爲深信把房子抵押來投資就會生出黃金，到最後卻把房地產都輸掉了。如果你是個大財主也就罷了，輸掉了一棟房子，至少還有兩三棟在收租金，但如果這是你唯一的棲身之處，未免太悲慘了。不但賠掉了房子，夫妻吵架失和，最後導致離婚甚至自殺——這樣的例子在我們生活中確實是存在的。

人如果被欲望沖昏了頭較易認不清楚事實，再加上這社會存有太多不安好心的人，處心積慮利用人性的弱點來滿足私欲，再加上手段高明，若非相當冷靜的頭腦，很容易上當受騙。

現在是過去的結果，未來也會是現在的結果。

擺脫困境掙大錢

曾經聽說這樣一句話：長久困在一間陰暗屋子的人，就算他有一對正常的眼睛，也會逐漸因爲沒有用而變成一盲人。以上這番說法，未必一定是事實，因爲沒有人肯犧牲自己的眼睛來做這個實驗。然而，它卻說明了一個問題。就是環境對人的作用和影響有多大。

印度有人就做了一些大致上相同的試驗，證明環境是可以將人的智慧和才能扼殺的。在印度這個國家裡，有好幾千萬人，被列爲低下階層的「賤民」。他們的社會地位低微，而且，內心又感覺卑下和鄙賤。

奇怪的是，印度竟有如此多的人，接受命運安排，甘於承認自己是社會上的「賤民」。與他們形成強烈對照的是美國的黑人。以前他們也與印度賤民相同，社會地位低下，他們唯一長處，限於運動和性的能力方面，日常生活處處受到白人的壓迫和排擠。

在三十年前，白人與全人類都很懷疑黑人的口才和智慧，但現在他們可以擔當一切白人的工作，相信不遠的將來，黑人還可以擔任總統的職位。如果美國黑人也接受了印度賤民的逆來順受的態度，相信他們今日的才能，永遠得不到發揮。因此，敢於改變環境，把逆境變成順境的人必會取得成功。

而做生意賺錢又豈非如此。中國歷史上最著名的成功商人陶朱公，叫范蠡。他運用美人幫助越王勾踐複國之後，便不辭而別，搬到一個叫陶縣的地方，開始從事商業的買賣，幾年間他就成爲遠近馳名的大商人。如果他沒有勇氣去改變自己的命運，相信他會和別的功臣一樣，因爲越王勾踐的忌妒而招來殺身之禍。

如果你一旦陷於困境的時候，顯示出憂鬱、陰沉，那麼你永遠不能鼓足改變困境的勇氣，決不會賺到大錢。不管面臨多麼糟的局面，你都應化不利爲有利。這樣，你才能有機會改變困境，達到你賺錢的目標。

敢於改變環境，把逆境變成順境的人必會取得成功。

聽人勸，吃飽飯

每個人都可能辦錯事，說錯話，但這並不可怕。可悲的是我們有許多人因害怕丟面子，不敢承認自己的錯誤，面對別人的忠告，仍舊護短遮醜，羞羞答答，呑呑吐吐，結果越陷越深。

一個人不論職位高低，有短敢揭短，人們就不覺得你有短；有醜敢亮醜，人們就不覺得你有醜。敢於揭短亮醜，是誠實可靠的表現，不但不會失去面子、失去威信和信任，反而會提高威信，增加影響。

人在一生中沒有犯過錯誤，沒有過錯誤的觀點或立場是不可能的，就像一個人一輩子從來沒有正確過一樣，這都是絕對不可能的。人總是在不斷地從錯誤到正確再到錯誤，然後再正確，重複不斷，迴旋往復。只有這樣，人才能不斷從錯誤中總結經驗，得到發展，從而人才逐步完善，成爲一個比較完美的人。

人犯錯誤並不可怕，這次錯了，吸取教訓，可以防止下次再犯錯。「吃一塹長一智」，這句俗語講得很好。但是，如果一個人犯了錯誤或有著某種錯誤觀點而執迷不悟，強硬堅持，頑固地不接受他人的意見或勸說，而是我行我素。這種做法講得文雅一點是剛愎自用，講得通俗一些就是頑固不化，喜歡鑽「牛角尖」。

人生在世，要做的事情很多，要接觸的新事物也非常多。然而這麼多的事情不可能哪一件都做得非常好，或者說不可能什麼事情、什麼知識都懂，由於不懂就難免要犯錯誤。這時，就需要有人來指點我們或者說給我們提供好的建議。特別是我們知心朋友的建議更值得參考。

在我國古代，不管是哪朝哪代，凡是賢明的君主身邊必定會有幾個或幾十個忠誠的大臣或謀士，專門爲君王提供建議。成就霸業的君王在建國初期，沒有剛愎自用的，否則他也不會霸業有成。不光是君主，就是一個但凡有所作爲的人，都非常善於接受他人的意見。

我國古代曾把比誰門下的食客多來作爲一個衡量賢德高下的尺規，這絕非是攀比富貴，而確是一個集賢納策的好方法。戰國時期的四大君子：平原君、信陵君、春申君、孟嘗君，都曾爲自己的君王提供出高妙的建議，爲君王的治國安邦做出了卓越的貢獻。可以說，劉備如果沒有諸葛亮在身邊出謀劃策，不要說是三國鼎立，就連是否能立得住腳、扯一面旗都很難說。再昏庸的君王也懂得知錯就改，或是用殺人滅口的方法或是用嫁禍於人的方法。

當然，在歷史上也出現由於固執、剛愎自用而失敗之人。三國時期蜀國的馬謖，由於一味頑固「自信」，不接受諸葛亮的建議，而導致了「失街亭」。馬謖的失敗，給蜀國帶來了致命的打擊，雖然事後馬謖自己也追悔莫及，諸葛亮揮淚斬馬謖，可這又有什麼用呢？世上賣什麼藥的都有，就是沒有賣後悔藥的。亡羊補牢的做法意義是不大的。

中國歷史經歷了那麼多朝代，而歷朝歷代的滅亡都與君主統治的腐朽有著直接的關係。其中，君主的武斷、專制、剛愎自用，不聽忠言是導致腐朽的一個重要原因。秦始皇統一六國時，國勢曾是那麼強大，疆土是那麼遼闊。但是由於秦二世的武斷、暴虐的統治，出現了秦末的陳勝、吳廣起義。秦開始衰落，最終被漢所代替。如果秦二世不那麼殘暴，多接受些忠告，是否能使秦的壽命更長一些呢？

所以說，剛愎自用者的頑固、不肯接受他人意見是一個致命的弱點。不肯接受他人意見，對於朋友的規勸或忠告置若罔聞，不僅會使自己頭破血流，還會嚴重傷害朋友之心。因爲只有眞正的朋友才會指出你的錯誤，提出中肯的建議。提供建議本身就意味著坦誠和信任。如若把良藥當做爛草，把忠言當做耳邊風，怎能不使朋友傷心呢？傷心和失望會使你的朋友離你而去的。沒有武二郎的本事，卻還要「明知山有虎，偏向虎山行」，這種做法，不是勇猛，而是愚蠢。因爲明知自己打不過「老虎」，卻還要去拿生命作賭注，不是愚蠢是什麼呢？

沒有人會同情一個由於固執己見而失敗的人，相反，除了朋友在傷心之餘的痛惜外，還會招來對手的痛快、嘲笑和幸災樂禍。所以，這種令親者痛仇者快的事是萬萬做不得的。

因此，要善於接受別人的意見，特別是朋友的忠告更應該虛心聽取。「良藥苦口利於病，忠言逆耳利於行。」奉承的語言我們可以不去理會，但誠懇的忠告卻一定要用心去聽，特別是在自己有了錯誤的時候。用頭撞牆的滋味並不好受，幹嘛非得要等到頭破血流才甘休呢？不管是普通人還是偉人，不管你是個小職員還是個主管，都應該養成善於接受他人意見的習慣。但是，這種善於接受意見絕不是無主見的接受，把別人的話當做救命的稻草。就人來說，我們要愼聽幼稚輕率者的獻策；就事來講，要愼聽那種過激的言論。對於別人的意見，要經過自己的深思熟慮之後才能接受。

還要注意的就是不要偏聽偏信。偏聽偏信往往會使你由這個錯誤走向那個錯誤。「兼聽則明，偏聽則暗」，要有比較、有選擇。固執己見者由於過於「迷信」自己，一味地執迷不悟，有時就難免言行過激，有極端化傾向。他們頑固的「自信」，對其他人的話充耳不聞，但又生怕自己不被人重視，得不到他人的承認。於是，在頑固的「自信力」的支持下，義無反顧地沿著錯誤道路走下去，過激言行不但沒有扭轉錯誤方向，反而加快了失敗的到來。

老百姓有句俗話：「聽人勸，吃飽飯。」剛愎自用、鑽「牛角尖」，只會使前面的路越來越窄，越來越走不通，它不是成功之路，而是失敗之途。

有短敢揭短，人們就不覺得你有短；有醜敢亮醜，人們就不覺得你有醜。

心胸寬廣的人更易成功

成功人生和心胸寬廣有著很大的關係。一個胸懷寬廣的人，很善於包容別人的缺點，很會體諒他人的難處，同時也很善於寬容他人的過錯。具備了心胸寬廣品質的人，適應他人應該是很容易的事，可如何才能讓自己變得心胸寬廣呢？這裡涉及了一個人的ＥＱ問題。

許多人認爲，高智商是一個人取得成功的最爲關鍵的因素，但根據一些國外權威機構的研究表明，在一個人成功的因素中，智商（ＩＱ）只占了約二十％的作用，而另外八十％則決定於個人的人格因素和社會因素，也就是最近幾年我們炒得沸沸揚揚的所謂的情緒ＥＱ，即人的感情意志和人際關係。這一結論的提出和被大多數人所認可，打破了以前那種所謂「智商決定人終身成就」的結論。事實也的確如此，美國著名的心理學家韋克斯勒曾經對四十多位獲得過諾貝爾獎的科學家做過考察，結果發現他們中大多數人的智商處於中等或中等偏上。他們所取得的巨大成就並非先天決定，而是來自於後天的非智力因素，即ＥＱ。

ＥＱ並不受先天的限制，可以隨著個人的成長而增長。ＥＱ高的人，無論做什麼事情，都能夠以樂觀積極的心態去對待，因此，這些人的生活較常人要快樂得多，他們的成功機會也大大增加了。

大多數渴望成功的人，往往都比較爭強好勝，他們追求自己事業的完美和成功，有著強烈的憂患意識和競爭意識。當然不能說這是壞事。但是，在強手如林的競爭社會裡，這種競爭意識和憂患意識很容易給人造成精神緊張，壓力過大時還會導致心理失衡，甚至造成心理疾病。有人曾說過：「沒有一種災難能像心理危機那樣帶給人們持續而深刻的痛苦。」這話一點也不假。心理脆弱、人際關係緊張、精神壓力過大的人縱然能力和知識超人，也難以品嘗成功的喜悅。

EQ高的人，無論做什麼事情，都能夠以樂觀積極的心態去對待。

克服神經質，調節自我情緒

神經質的心理症是較爲輕度的一種，它與人的EQ有一定的相關。神經質的主要表現爲責任心淡薄，對批評反應強烈，甚至有時發生暴力行爲，缺乏理智，有時說謊、易怒，以自我爲中心等。其性格類型表現爲常跟人衝突，有顯示自己力量的大膽舉動，傾向於惡意地解釋各種社會現象，以反抗的態度來顯示自己的傾向性。神經質得分過高的人應注意積極地調整自己的情緒，用理智的力量來控制、轉移和調整自己的心態。

那麼，如何正確地調整自己的情緒呢？必須有正確的人生態度。在現實生活中，我們經常可以看到，面對同樣的環境和遭遇，人的情緒反應有很大的差異。正確的人生態度，能幫助我們端正看問題的角度，幫助我們想通許多問題，緩解不良情緒，培養積極、健康的情緒。

具有寬廣的胸懷、度量寬宏、心胸豁達是保持積極、樂觀情緒的基本條件。那些在情緒上容易大起大落，經常陷入不良情緒狀態的人，幾乎都是心地不寬、心胸狹隘的人。如果能擴大自己的生活面和知識面，在精神上充實自己，為豐富多彩的生活所吸引，不計較眼前得失，心胸就會自然豁達起來，情緒也不會如此波動了。要熱愛工作，學會調節人際關係。對工作缺乏情趣的人，或是人際關係不良的人，精神上沒有寄託，思想不安定，情緒就不穩定，容易產生神經質。反之，一個熱愛工作並具有良好人際關係的人，就會在自己的身邊形成一個比較和諧、融洽的氛圍。這種氛圍反過來從客觀上又促進了自己，使自己心情舒暢、身心健康。下面介紹一些克服神經質、調節自我情緒的方法：

第一，正確地認識危機。人生中諸如疾病、死亡、破產等很難意料的事件，常影響人的心理。雖然人們完全有能力處理這類事情，但這需要時間，過分地焦急不僅於事無補，還會把事情辦壞。

第二，當預感到緊張會出現時，你可在頭腦中設想一下如何處理它，回想一下過去是怎樣對付的，回想一下你所尊敬的人是如何處理的，就可以減少焦慮，避免碰釘子。

第三，平時多注意休息，可以減少你的緊張感與神經質。獲得足夠的休息對身體極爲有益，能使你振作精神，恢復精力。

第四，當你試圖掩蓋某一件事情時，常常帶來緊張情緒。但當你抱著不回避的心態，坦然面對時，壓力無形之中就會減輕，緊張感就會減少。

第五，當你發現自己的情緒無法控制時，不妨用下列方法儘快從這種情緒中擺脫出來：脫身離開那裡；想一想別人在這種情境中會扮演怎樣的角色；設想你已解決了一個難題而處在喜悅中；向有同情心的人傾訴自己的想法。

爲豐富多彩的生活所吸引，不計較眼前得失，心胸就會自然豁達起來。

心理平衡的秘訣

下面是美國心理衛生學會提出的十一條秘訣，對心理平衡有極大的幫助，讀者不妨一試。

一、不對自己過分苛求。每個人都有自己的抱負，有些人把自己的抱負定的太高，根本非能力所及，於是終日鬱鬱不得志，認爲自己倒退，這就無疑是自尋煩惱了。有些人做事要求十全十美，有時對自己近乎吹毛求疵，往往因爲小小的瑕疵而自責，結果受害者還是他們自己。

爲了避免挫折感，當然應該把目標和要求定在自己能力範圍之內，懂得欣賞自己已得的成就，自然會心情舒暢了。

二、對他人期望値不要過高。很多人把希望寄託在他人身上，尤其是妻子望丈夫、父母望子成龍等等。假如對方達不到自己的要求，便會大感失望。其實每個人都有他的思想、個性、優點與缺點，何必要求別人迎合自己的要求呢？

三、疏導自己的憤怒情緒。當我們勃然大怒時，很多錯事或失態的事都會做出來的。與其事後後悔、不如事前加以控制。把喝倒彩當喝彩、咒罵當唱歌，抱著笑罵由人的態度，憤怒情緒自可拋諸九霄雲外。

四、偶爾亦要屈服。一個做大事的人處事總是從大處看，只有一些無見識的人才會向小處鑽的。因此，只要大前提不受影響，在小處有錯時亦無需過分堅持，以減少自己的煩惱。

五、暫時逃避在生活受到挫折時，便應該暫時將煩惱放下，去做你喜歡做的事，如運動、睡眠或看電影等，等到心境平靜時，才重新面對自己的難題。

六、找人傾訴煩惱。把所有的抑鬱埋藏在心底裡，只會令自己抑鬱寡歡。如果把內心的煩惱告訴你的知己好友或師長，心情會頓感舒暢。

七、爲別人做點事。助人爲快樂之本。幫助別人不單使自己忘卻煩惱，而且可以確定自己的存在價値，更可以獲得珍貴的友誼，何樂而不爲呢？

八、在一個時間內只做一件事。依據美心理輔導專家喬奇博士發現，構成憂思、精神崩潰等疾病的主要原因是因爲患者面對很多急需處理的事情，精神壓力太大而引起精神上的疾病，要減少自己的精神負擔，不應同時進行一件以上的事情，以免弄得身心俱疲。

九、不要處處與人競爭。有些人心理不平衡，完全是因爲他們處處以他人作爲競爭對象，使得自己經常處於緊張狀態。其實人之相處，應該以和爲貴，只要你不把人家看成對手，人家也不會與你爲敵的。

十、對人表示善意。我們經常被人排斥是因爲人家對我們有戒心。如果在適當的時候表現自己的善意，多交朋友，少樹敵人，心境自然會變得平靜。

十一、娛樂。這是消除心理壓力的最好方法。娛樂的方式不太重要，最重要的是要令人心情舒暢。

做大事的人處事總是從大處看，只有無見識的人才會向小處鑽。

多微笑放輕鬆，財運自然來

人不光是嘴巴會說話，表情、眼神、動作也會說話。

很多人都說：「人過了四十歲之後，就要爲自己的長相負責。」這是因爲過去的生活經驗都會不知不覺地展現在臉上，我們可以從一個人的臉，看出他的內涵、貴賤等等。人到了中年之後的長相，讓人覺得有魅力或是討厭，都憑這個人從前經年累月的生活，還有個性而決定。然而，人和人第一次見面是否投緣，也一樣受到長相的影響。

長相很兇惡的人，大家一定都會和他保持距離；而沒有自信的人，通常長相都很卑屈，也不會讓人喜歡。我們常會說看某人不順眼，就一定多多少少受到那人長相的影響，所以人一定要注意自己的面容。

長得美醜雖然已經是天註定，但是「相由心生」，只要保持開朗輕鬆愉快的表情，你就會有一個讓人看起來不討厭的面貌。曾經有人說過：「臉上的皺紋如果是橫紋的話就沒關係，但是如果兩眉間有縱紋的話，就要小心了！」

因爲橫紋多半是愛笑所產生的，所以臉上有橫紋的人，都是樂觀開朗的，會給人留下好印象；而縱紋都是生氣皺眉頭才會出現，可想而知，有縱紋的人都是不開心的，留給別人的印象就不太好了。所以，我們每一個人每天都應該隨時照照鏡子，調整自己的心境和儀容，千萬不要在別人面前露出緊張、害怕、驕傲等等，讓人看了不喜歡的表情。

即使身爲男人，也應該常照鏡子，因爲隨時保持開朗和善的表情，要比有沒有打領帶重要多了。一張讓人看了喜歡的臉，應該是會讓對方疏於防備的，因爲我們每一個人都喜歡接近笑臉迎人的人，而想要遠離那些看起來狡詐奸險的人物。

我們平時要養成嘴角往上揚，好像在微笑的習慣，而不要讓嘴角往下垂，一付很不開心的樣子，這樣的人，通常他的個性也都很頑固，嘴角上揚的人就不會這個樣子。

還有我們在看人的時候，與其用防衛的眼神直視對方，還不如用一般的眼神去凝視他，這樣可以讓人覺得你是一個單純沒心機的人。

長相很兇惡的人，大家一定都會和他保持距離，所以一個人一定要注意自己的面容。

第13張入場券：慵懶怠惰

懶惰

這是一種最可怕的頑症，窮人的精神和肉體都染上了這種致命的病毒。

懶惰是成功的天敵

有一位外國人周遊世界各地，見識十分豐富。他對生活在不同地位、不同國家的人有相當深刻的瞭解，當有人問他不同民族的最大的共同性是什麼，或者說最大的特點是什麼時，這位外國人用不大流暢的英語回答說：「好逸惡勞乃是人類最大的特點。」

無論王侯、貴族、君主還是普通市民都具有這個特點，人們總想盡力享受勞動成果，卻不願從事艱苦的勞動。懶惰、好逸惡勞這種本性是如此的根深蒂固、普遍存在，以至於人們爲這種本性所驅使，往往不惜毀滅其他的民族，乃至整個社會。爲了維持社會的和諧、統一，往往需要一種強制力量來迫使人們克服懶惰這一習性，不斷地勞動。由此就產生了專制政府，英國哲學家穆勒這樣認爲。

無論是對個人還是對一個民族而言，懶惰都是一種墮落的、具有毀滅性的東西。懶惰、懈怠從來沒有在世界歷史上留下好名聲，也永遠不會留下好名聲。懶惰是一種精神腐蝕劑，因爲懶惰，人們不願意爬過一個小山崗；因爲懶惰，人們不願意去戰勝那些完全可以戰勝的困難。

因此，那些生性懶惰的人不可能在社會生活中成爲一個成功者，他們永遠是失敗者。成功只會光顧那些辛勤勞動的人們。懶惰是一種惡劣而卑鄙的精神重負。人們一旦背上了懶惰這個包袱，就只會整天怨天尤人，精神沮喪、無所事事，這種人完全是一種對社會無用的卑鄙之人。

英國聖公會牧師、學者、著名作家伯頓給世人留下了一本內容深奧卻十分有趣的書《憂鬱的剖析》——詹森說，這是唯一一本使他每天提早兩個小時起來拜讀的書——伯頓在書中提出了許多特別獨到而精闢的論斷。

他指出：精神抑鬱、沮喪總是與懶惰、無所事事聯繫在一起的。「懶惰是一種毒藥，它既毒害人們的肉體，也毒害人們的心靈，」伯頓說，「懶惰是萬惡之源，是滋生邪惡的溫床；懶惰是七大致命的罪孽之一，它是惡棍們的靠墊和枕頭，懶惰是魔鬼們的靈魂……一條懶惰的狗都遭人唾棄，一個懶惰的人當然無法逃脫世人對他的鄙棄和懲罰。再也沒有什麼事情比懶惰更加不可救藥的了，一個聰明卻十分懶惰的人本身就是一種災禍，這種人必然成爲邪惡的走卒，是一切惡行的役使者，因爲他們的心中已經沒有勞動和勤勞的地位，所有的心靈空間必然都讓惡魔佔據了，這正如死水一潭的臭水坑中的各種寄生蟲，各種骯髒的爬蟲都瘋狂地增長一樣，各種邪惡的、骯髒的想法也在那些生性懶惰的人們的心中瘋狂地生長，這種人的心思靈魂都被各種邪惡的思想腐蝕、毒化了……」

伯頓對於同一個問題有大量的論述。《憂鬱的剖析》這本書的深刻思想也集中呈現在該書的這段結束語中。伯頓在該書的最後部分說：「你千萬要記住這一條——萬萬不可向懶惰和孤獨、寂寞讓步，你必然切實地遵循這一原則，無論何時何地也不要違背這一原則，只有遵循這一原則，你的身心才有寄託和依歸，你才會得到幸福和快樂；違背了這一原則，你就會跌入萬劫不復深淵。這是必然的結果、絕對的律令。記住這一條：千萬不可懶惰，萬萬不可精神抑鬱。」

懶惰、懈怠從來沒有在世界歷史上留下好名聲，也永遠不會留下好名聲。

用具體的想像掌握財運

當有令你朝思暮想的渴望得到的東西時，你應該盡可能在你的腦海裡描繪出具體的形象。

舉例而言，人通常到了四十多歲的時候會希望有個自己的窩，這時你不能光是腦袋想著：「好想有棟房子！」而要從雜誌上把你所希望擁有的房子的照片剪下來，貼在牆壁上。每天一邊看著圖片，一邊在腦海中想像著要裝這種窗簾、要鋪那種地毯……然而再進一步地想像：選什麼樣的傢俱，到哪一家傢俱店去買……很快地你便會填滿所有的空白，一個理想中的家便具體成形了。

還有，你不能光是坐在書桌前空想，應實地到房屋建設公司的展示會場去參觀。即使沒錢也沒關係，反正先去看看再說。在進行這些動作的過程中，慢慢地你的腦海中「我要這種樣式的房子」的形象便愈來愈清晰。接下來，就要有更具體的行動了。

再談到購屋基金。剛開始尚在腦中空想的階段時，總覺得實在湊不出這麼一大筆錢，然而事情具體化之後，慢慢地你就會想到：「利用金融貸款不就行了嗎？」

堆砌形象、搜集情報、實地去看。如此一來，形象將愈來愈具體，你便可開始慎重考慮怎麼做才能實現目標。

追求財富也是相同的道理。能整天光想著：「要是有錢多好」，應該要針對目標，具體地想像畫面，自然你就會知道如何去調度資金，漸漸地財神爺也會向你靠近。

再則，一旦有了具體的想像，就會知道該從哪兒著手。光是停留在欲求的階段，一味想著要創業、想開一家店，錢是不會自動滾到你面前的，而且任憑你想破頭還是不知道怎麼去籌錢。

目標要清楚、想像一下理想實現時的情景，自我檢討有什麼方法可以達到目標，如何才有辦法集結資金與人力。

針對目標，具體地想像畫面，自然你就會知道如何去調度資金。

變欲望為黃金

期望財富的方法，有六個固定的實際步驟，那就是——

第一，在你的心裡，必須確定你所期望的金錢數目，僅僅說「我需要許多錢」是不夠的，必須決定錢的數目。

第二，確確實實地決定，你要以什麼東西來換取你所需要的錢。世界上沒有不付代價而可獲取的東西。

第三，規定一個固定的日期，一定要在這日期之前把你所期望的錢賺到手。

第四，擬定一個實現你的欲望的固定計劃，立刻著手進行，不論你是否準備妥當，把這計畫付諸行動。

第五，把你想獲得金錢的數目列一張簡明的清單，附上賺到手的期限，以及所需要作爲賺到這些錢的報酬條件，把計畫中你如何聚集這些錢的過程敘述清楚。

第六，每天兩次，大聲朗誦你的計畫內容，一次在晚上就寢之前，另一次在早上起床之後，當你朗誦的時候你必須看到、感覺到，並相信你自己已經擁有那些錢。

遵照上面所敘述的六種步驟是很重要的，特別是要遵守第六。你或許會抱怨，在你沒有眞正地把錢拿到手之前，以爲你已擁有這些錢是不可能的。這時熾熱的欲望會幫你的忙。如果你眞正地對錢有強烈的欲望，那麼你的欲望就是不變的意念，由此變成非得到手不可的決心，那麼你必須確信自己將會擁有它。

如果沒有正式接受過運用規則的訓練，這些規則似乎行不通。它對所有沒有完全了解六個步驟的人，或許有幫助。傳遞這些秘訣的是安德祿・卡內基。他起初是個鋼鐵工廠裡的普通工人，但是他完全無視他低微的出身。運用這些原則，使他獲得一筆財富，數目大約超過一億元。

要是你知道這些一再介紹的六個步驟是已故湯瑪斯・A・愛迪生所詳細審查過的，可能對您會有更大的助益，他終生贊成這些驗證過的原則，不僅僅是積蓄金錢的主要步驟，而且是達到任何目標的重要途徑。

這些步驟不要求勞苦工作，也不要求奉獻犧牲。它們並不需要把人轉變爲可笑的輕信之徒，使用它們不需要受很高的教育。但是要成功地運用這六個步驟確實需要足夠的想像力。每個人都必須承認，所有擁有大量財富的人，他們還沒有擁有它之前，確實都有一個了不起的夢想和計畫。

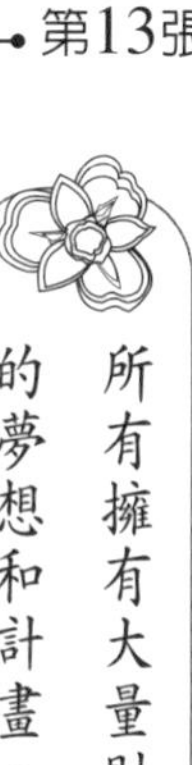

所有擁有大量財富的人，他們還沒有擁有它之前，確實都有一個了不起的夢想和計畫。

想法與做法

勤勞的農夫知道在春天播種，成功的人則知道在春天擬訂計畫，爲自己找尋成功的動機。

經過漫長的冬眠之後，春天是最適合啓動的季節，幾乎所有的萬物都在這個季節中復甦，它們起身打著呵欠，轉頭開始向外探出觸角。

你呢？剛從冷冬的蟄伏中解放出來，是不是早已帶著計畫好的藍圖和滿腔的熱情，迫不及待地準備大展身手？今年，是不是有什麼期待已久的願望等著你去實現？是不是有美好的目標等待你去完成？從春天到冬天，你已經做好打算了嗎？

有些人不喜歡做計畫，因爲他們覺得大多數的計畫常常還來不及完成就中途夭折，不如走一步算一步，反正船到橋頭自然直。所以說，這種人大都是「光有想法，沒有做法」。

有些人可不這麼認爲。他們相信做了計畫之後，才有明確的目標，方向才不會走偏，萬一中途有變，計畫可以再修改，即使最後沒有百分之百到達目的地，但至少完成了大半，「如此，你才知道你的距離還有多遠，總比站在原地好！」一位成功的企業家如是說。這種人，堅持「先要有做法，爾後想法就會逐一實現」。

的確，盲目而沒有焦點，很容易讓人走上岔路，白費力氣。

你不妨觀察農夫施肥的方法，他們在什麼地方施肥，什麼地方的農作物就會生長得特別茂盛。如果他們將肥料亂撒一通，結果就是該撒到的地方沒撒到，不該撒到的地方卻特別肥沃。

以《樂在工作》一書聞名的行爲學專家偉特利博士就曾經指出，一個人想要成功，通常必須具備下列三個條件：

第一，先要擁有夢想，並把夢想寫成明確的目標與計畫；

第二，融入知識，放進技術、經驗與知識；

第三，全力以赴，不要猶疑，立即行動。

偉特利博士觀察，缺乏明確目標和動機的人，由於背後沒有強大的信念支撐，每當困境來臨的時候很容易就被瓦解。

計畫是一種積極的行動力，它可以讓你集中心力專注於目標上，避免受外力打擾。

譬如，有些人非常容易見異思遷，很多不相干的事都想湊一腳，結果卻忘了自己原先設定的目標。當你心有旁騖的時候，趕緊把你的「計畫」拿出來，貼在最醒目的地方，如此就可以提醒你立刻回到軌道上，把那些無關的雜事一律拋開。

記住，心不在焉絕對無法讓你完成任務，所以，一定要保持專心，不讓注意力分散到其他的事上。

聽過一則有趣的實例。美國聯邦調查局訓練警員辨識僞鈔的方法，就是要求他們不斷地看眞鈔，各種一元、五元、十元、百元的鈔票反復看，並牢記這些鈔票的特質，直到他們一碰到鈔票就可以憑直覺分辨出眞假，而不需要經過思索或鑑定。瞧！這就是專注，因爲清楚自己要什麼，所以，其餘不要的都難逃法眼。

農夫耕耘田地需要力氣，你的人生目標當然也需要你努力去灌溉，給與充足的養分，才可能結出果實。很多人在果樹的種子才剛剛埋下去的時候，就已經開始計算自己可以有多少收成，忘記在栽培的過程中需要定期除草、施肥。重點是，計畫擬訂之後絕不可偷懶，否則，最後還是一事無成。

有些人不喜歡做計畫，因爲他們覺得大多數的計畫常常還來不及完成就中途夭折，這種人大都是「光有想法，沒有做法」。

好運輪不到懶人享

想要掌握時機出人頭地，要有一技之長才行。若本身具備該領域的知識、技術、經驗，再加上不畏艱難的精神，成功便指日可待。如果僅因看似賺錢容易、表面很風光，便貿然投入了陌生的領域，是絕對不會成功的。「冒風險」固然是必須的，但也必須是自己熟悉的戰場才值得一搏。

如果投入的是自己的專業領域，那麼就算冒一點風險還不至於驚惶失措，因爲這一行會有幾分的風險、事情會有什麼樣的演變，你多少心裡就會有個底了。但假設對電腦全無概念，卻貿然一頭栽了進去，會有什麼樣的後果呢？連可能發生什麼樣的風險都搞不清楚，那和賭博又有什麼差別？「冒風險」和「賭博」完全是兩碼子事，不可混爲一談的。在商場上，你無法預估到能百分之百的成功，有時候是必須果決地挑戰風險，但如果這場冒險行動賭博意味濃厚，則不可固執爲之。挑戰與賭博的不同便在於針對的這個物件，自己有沒有研究？有沒有技術？有沒有足夠的經驗？

當你在某個領域奮鬥過，也跌倒過，對該領域的風險自然就會有一番了解，由此你會知道避免風險的方法。反過來說，一事無成或運氣不好的人，大多是因爲缺乏一技之長的緣故所造成。在事業上不曾重重摔過一次，就不會有堪稱專精的領域，如此你將無法得知哪個領域是可以去闖，也不懂避免風險的方法，終究只能慨嘆時運不濟啊！

人之所以缺乏專業知識，除了本身的懶惰之外別無原因。不管現在從事什麼樣的工作，只要有心針對該領域培養專業技術、努力學習、收集相關情報，必能成爲該領域的專家。

這也正告訴了我們一個道理：「好運是輪不到懶人享的。」

只要你能在某一個領域裡恪盡其力地鑽研，那麼任憑父母或任何人反對，你終能看見成功的曙光。不論是在商場、體育界、文藝界等，這個成功的法則是不變的。當你誓言：「你們等著瞧，我一定要在同行裡成爲世界第一。」而你身邊的人大概沒有人會相信吧！能不能做到，只有實際付出血汗的你最清楚。

當你儼然見到成功的曙光時，應試著將夢想用言語表達出來。當然，到了四五十歲的年紀還成天大吹大擂、空談理想的人，我們是不敢苟同的；但是年輕人就有適度吹噓的本錢。之所以鼓勵你這麼做，是具有自我砥礪的作用的。在對自己宣誓的同時也對別人發了誓，自然就會有不達目的絕不中止的壓力。

總之，趁年輕時努力發掘出自己可望成功的專業領域，而後窮其畢生之精力朝目標勇往直前——這就是召喚幸運之神的方法。

如果僅因看似賺錢容易、表面很風光，便貿然投入了陌生的領域，是絕對不會成功的。

會賺錢的人，大都是不怕吃苦的人，而且是好動的人。

按照古代八卦說法，天地之間，有陰陽之分，動靜之別，以及吉凶之兆。

例如：我們提到男性時，總是會以女人來作陪襯使他突出。一座山，必要受陽光照射的一面，我們稱之爲陽，而陽光顧及不到的地方則爲陰。

人有旦夕禍福，塞翁失馬，焉知禍福。鮮明地表示人的禍福都是相對的，有幸運的時候，也必有倒楣的辰光。

即使食物方面，我們也將它們區分爲陰、陽兩種。而大部分人攝取的重點放在屬於「陽」性的食物上。當然，不一定說正就比負好，相同的陰也不見得比陽差，任何事物都是相輔相成，缺一不可。

賺錢之道也是如此。賺錢屬於陽，屬於動。光是想而不採取行動是絕不會賺錢的，想成爲有錢人就必須主動的爭取機會。爲什麼不熱衷於與他人打交道者無法賺大錢呢？因爲他們一切行動都要求靜，對於動的賺錢方法當然無法接受，就如同水火不相容一樣，永遠是對立的雙方。

只要仔細地觀察周圍，就會發現事業成功、賺大錢的人都是非常活躍的。這些人給人的感覺似乎有使不完的精力，渾身都是勁，就如同一台正在操作的機器，發揮著他強大的功能。

就好比以強勁的宣傳手法促銷的商品，銷售情形一定非常良好。所以要賺錢必須

「動」，「先下手為強」「機會來了不要讓它溜掉」，都是「動」的最好解釋。

在賺錢做生意的形式上，投資是「動」，儲蓄是「靜」，這種說法也不能算錯。因為儲蓄並不是以賺錢為目的。

就如同有人投資，有人儲蓄一樣，一個在「動」的同時，也不能忽視「靜」。有適度的「靜」，例如安排休假、旅遊，都能更好地促進「動」的發揮。如同一台機器運作一天需要整休保養一樣，人若能處理好「動」「靜」的關係，那麼他賺錢是指日可待了。

只要仔細地觀察周圍，就會發現事業成功、賺大錢的人都是非常活躍的。

拖延是一種惡習

「立即行動」，這是一個成功者的格言，只有「立即行動」才能將人們從拖延的惡習中拯救出來。

我們每個人在自己的一生中，有著種種的憧憬、種種的理想、種種的計畫，如果我們能夠將這一切的憧憬、理想與計畫，迅速地都加以執行，那麼我們在事業上的成就不知道會有怎樣的偉大。然而，人們往往有了好的計畫後，不去迅速地執行，而是一味的拖延，以致讓一開始充滿熱情的事情冷淡下去，使幻想逐漸消失，使計畫最後破滅。

希臘神話告訴人們，智慧女神雅典娜是在某一天突然從丘比特的頭腦中一躍而出的，躍出之時雅典娜衣冠整齊，沒有凌亂現象。同樣，某種高尚的理想、有效的思想、宏偉的幻想，也是在某一瞬間從一個人的頭腦中躍出的，這些想法剛出現的時候也是很完整的。但有著拖延惡習的人遲遲不去執行，不去使之實現，而是留待將來再去做。其實，這些人都是缺乏意志力的弱者。而那些有能力並且意志堅強的人，往往乘著熱情最高的時候就去把理想付諸實施。

一日有一日的理想和決斷，昨日有昨日事，今日有今日的事，明日有明日的事。今日的理想，今日的決斷，今日就要去做，一定不要拖延到明日，因爲明日還有新的理想與新的決斷。

拖延的習慣往往會妨礙人們做事，因爲拖延會消滅人的創造力。其實，過分的謹慎與缺乏自信都是做事的大忌。有熱忱的時候去做一件事，與在熱忱消失以後去做一件事，其中的難易苦樂要相差很大。趁著熱忱最高的時候，做一件事情往往是一種樂趣，也是比較容易的；但在熱情消失後，再去做那件事，往往是一種痛苦，也不易辦成。

放著今天的事情不做，非得留到以後去做，其實在這個拖延中所耗去的時間和精力，就足以把今日的工作做好。所以，把今日的事情拖延到明日去做，實際上是很不划算的。

有些事情在當初來做會感到快樂、有趣，如果拖延了幾個星期再去回覆，是最爲容易的，但如果一再拖延，那封信就不容易回復了。因此，許多大公司都規定，一切商業信函必須於當天回覆，不能讓這些信函擱到第二天。

命運常常是奇特的，好的機會往往稍縱即逝，有如曇花一現。如果當時不善加利用，錯過之後就後悔莫及。

決斷好了的事情拖延著不去做，還往往會對我們的品格產生不良的影響。唯有按照既定計劃去執行的人，才能增進自己的品格，才能使他人景仰他的人格。其實，人人都能下決心做大事，但只有少數人能夠一以貫之地去執行他的決心，而且只有這少數人是最後的成功者。

當一個生動而強烈的意念突然閃耀在一個作家腦海裡時，他就會生出一種不可遏制的衝動，提起筆來，要把那意念描寫在白紙上。但如果他那時因爲有些不便，無暇執筆來寫，而一拖再拖，那麼，到了後來那意念就會變得模糊，最後，竟完全從他思想裡消逝了。

一個神奇美妙的幻想突然躍入一個藝術家的思想裡，迅速得如同閃電一般，如果在那一刹那間他把幻想畫在紙上，必定有意外的收穫。但如果他拖延著，不願在當時動筆，那麼過了許多日子後，即使再想畫，那留在他思想裡的好作品或許早已消失了。靈感往往轉瞬即逝，所以應該及時抓住，要趁熱打鐵，立即行動。

更壞的是，拖延有時會造成悲慘的結局。

有的人身體有病卻拖延著不去就診，不僅身體上要受極大的痛苦，而且病情可能惡化，甚至成爲不治之症。沒有別的什麼習慣，比拖延更爲有害。更沒有別的什麼習慣，比拖延更能使人懈怠、減弱人們做事的能力。

人應該極力避免養成拖延的噁心。受到拖延引誘的時候，要振作精神去做，決不要去做最容易的，而要去做最艱難的，並且堅持做下去。這樣，自然就會克服拖延的噁心。拖延往往是最可怕的敵人，它是時間的竊賊，它還會損壞人的品格，敗壞好的機會，劫走人的自由，使人成爲它的奴隸。

要醫治拖延的惡習，唯一的辦法就是立即去做自己的工作。要知道，多拖延一分，工作就難做一分。「立即行動」，這是一個成功者的格言，只有「立即行動」才能將人們從拖延的惡習中拯救出來。

好的機會往往稍縱即逝，有如曇花一現。如果當時不善加利用，錯過之後就後悔莫及。拖延有時會造成悲慘的結局。

到路上去尋找你的財運

有句俗話說：「狗每天在路上自在的走來走去，或許有一天會出其不意的挨到棒子。」這句話的意思，可以從兩方面來解釋：一是指好運突然的降臨，二則是指遇到不幸的事情。

在金錢財運的方面來說，到外面多走走看看，絕對是有益無害的。一個足不出戶的人，是沒辦法遇到好運的，反而會招致貧困之神的眷顧。

多到外面走走看看，放開心情，自然和財運碰面的機會就會增加。而且財運也會因此而增強。如果你正處於低潮時期，也會因你的頻頻外出，而將你曾失去的財運再找回來。

可是，當一個人失敗或失意時，往往會把自己關在家裡，不願意外出去碰見任何熟識的人；另一方面也會有因出門就一定會花錢的想法而足不出門。這雖是人之常情，卻也是種很消極的想法，因爲財運不會因他足不出戶的關係而再度降臨在他身上。

人如果不喜歡活動，缺乏活力的話，他的運氣也會隨著他的體力衰竭下去。人們常說「有動便有錢可賺」。因爲財運會因著你身上所散發出的氣息而活絡起來，運勢便也會逐漸高升。這並不是什麼謬論，看看中國古代所說的陰陽之道，由人身上所散發出來的陰氣或陽氣的狀況，來斷定人的運勢。所以陰陽氣的盛衰，是開運的重要關鍵所在。

食物當中也有陽性食物與陰性食物。多吃陽性食物，增加自己的「正」氣。但在此希望大家注意一點，並不是陰性的東西不可以吃，陰氣必須與陽氣配合，調適兩方的均衡度，使陰陽兩極能自在相處。不過陽氣仍是引導賺錢的動力所在。

在市場裡，常可看到菜販或魚販們拚命地在吆喝著顧客們。在這大聲而有力的吆喝中，不僅可吸引住客人的腳步，還可因爲這大聲的吆喝，而將好運召喚進來。

百貨公司在促銷某種東西時，與其將商品靜態地擺放在櫃檯上展示，還不如以熱鬧地叫賣方式宣傳來得有效。畢竟熱鬧的宣傳，才會使經過的人產生好奇心，進而想看看到底是在賣什麼東西。

投資是動，存錢是靜，投資是爲了賺錢，存錢是爲了守住這筆錢。如果存了再多的錢，而不適時地將錢拿出來靈活運轉的話，便無法產生原動力去推動財運。就像人的感情，戀愛是動，結婚是靜。很多人在談戀愛時，肯爲對方花錢買東西，作爲投資。一旦結了婚之後，馬上變成另一個人似的，變得一毛不拔。

總之，應當利用日常生活中與人相處的機會，多和他人接觸。有空時，多出來走走看看，碰碰運氣，別老待在家裡閑著沒事做，悶出病來。這便是強化財運的最好秘訣。

人如果不喜歡活動，缺乏活力的話，他的運氣也會隨著他的體力衰竭下去。

累不累，想想商場老前輩

今天，人們日益渴望超越平凡的生活，渴望換個生活方式，不願再「幾代人重複著同樣的故事」，想換一種與父輩不同的生活方式。這是自我的一次覺醒。

我們想發財，想成名，想做一番驚天動地的事業，可是這些想法常常只是無用的沉思默想。我們所琢磨而想要得到的大多數東西，是以拋開我們所熟悉的生活，以及冒著可能變成默默無聞的人的風險爲代價而得來的。每一次我們取得某些成績，往前邁進一步，都得用自己熟知的生活條件去換取不確實且又陌生的環境。儘管大多數人心想他們在努力獲得成功，可是他們只不過在裝裝樣子，做做姿態。

我們在這個世界上最不想做的事，就是擺脫我們所熟悉的單調無味的工作，可見換一種生活方式有多麼難。

在我們能夠取得成功之前，必須清楚地認識到成功意味著變化和失敗的危險，那些不願努力去做一番大事業的人們的失敗是平淡無奇的，也是鮮爲人知的。而那些試圖取得一鳴驚人的成就的人們的失敗則是廣爲人知的，而且一般來說，平凡的失敗者還對這樣的失敗發出心滿意足的嘆息。

當我們欠款時，某處的電腦就會給我們記錄下一份讓我們坐立不安的帳單。而當富商郭台銘不付賬時，就會成爲當天被踢爆的頭條新聞。同樣，成功也需要具有敢於冒不被他人贊同的危險的勇氣。所有超越一般標準的獨立的思想、新穎的見解、或者努力，皆會招致非難，這種非難包括懷疑、嘲弄，乃至訴諸暴力的傷害。

要堅持做任何超乎尋常的事情，都需要有內在的力量，而且堅定不移地相信自己是正確的。只有這樣新的生活方式，才能成功，也才能大踏步地走下去。眞正超越這平凡的生活，從而窺見人生那光輝而又有壯麗的景致。

常聽有人抱怨早出晚歸，活得太累。但當你看了清代商號學徒的艱辛，你便會把這個「累」字呑進嘴裡。

清代山西商號店員、學徒的錄用十分嚴格，愼之又愼。學徒必須年齡十五到二十歲之間，身高五尺，五官端正，儀態大方，家世清白，懂禮貌，善珠算，精楷書，不怕遠行，能吃苦。學徒入號，須有人擔保。入號前，由主考人當面測試其智力，試其文字。通過者，擇日進號。進號稱請進，表示人才請入，前途不可量。

入號後，總號派年資較深者任教師進行培養。培訓內容包括兩個方面：

一是業務技術，包括珠算、習字、抄錄信箋、記帳、寫信等，學習蒙、滿、俄語，了解商品性能，熟記銀兩成色。一是職業道德訓練，主要是重信義、除虛僞、節情慾、敦品行、貴忠誠、鄙利己、奉博愛、薄嫉恨、幸辛苦、戒奢華，並派往繁華商埠，以觀其色。

山西商人的習商諺語充分說明了其對學徒要求之嚴。諺稱：「十年寒窗考狀元，十年學商倍加難」；「忙時心不亂，閒時心不散」；「快在櫃前，忙在櫃檯」；「人有站相，貨有擺樣」。

在山西商人中還流傳著這樣的學徒工作規矩：「黎明即起，侍奉掌櫃；五壺四把（茶壺、酒壺、水煙壺、噴壺、夜壺、和笤帚、撣子、毛巾、抹布），終日伴隨；一絲不苟，謹小慎微；顧客上門，禮貌相待；不分童叟，不看衣服；察言觀色，惟恐得罪；精於業務，體會精髓；算盤口訣，必須熟練；有客實踐，無客默誦；學以致用，口無怨言；每歲終了，經得考驗；最所擔心，鋪蓋被卷。」

所謂站櫃臺，就是學徒三年始終在櫃檯前站著，吃住在商號，不放回家，三年後才放半月假。想想這些學徒的艱辛，你現在所受這點滴之苦又算得了什麼。

做任何超乎尋常的事情，都需要有內在的力量，而且堅定不移地相信自己是正確的。

善用空閒時間

靜下心來仔細想一想，一天中究竟要做些什麼事情。可能要去參加一個會議，可能要在醫院等候醫生的診斷證明，也可能要排著長長的隊伍去購買某些東西，那麼在乘車時，在等候時，在排隊時我們能不能做些什麼呢？

據實而言，這些時間是我們的一個空閒時間，是一個人身心放鬆的時間，但是如果你剛剛休息充分，也要在這些時間中再次休息，浪費自己的生命嗎？這時候，這樣的時間的利用，就會給一個人提供更多的事業成功機會。

魯迅是中國的大文豪，在別人稱讚他，問他取得成功的訣竅時，他坦誠地說：「我哪有什麼訣竅，我只不過是把別人喝咖啡和娛樂的時間都用在工作上罷了。」

無獨有偶，中國有人利用空閒時間取得事業的成功，外國也大有人在。英國有個人自己開設了一家顧問公司，每年大約接下一百多個案件，因此，他大部分時間都在飛機上度過，爲了保持自己和客戶間的良好關係，他每天都利用乘飛機的時間給客戶寫短箋，自己思考如何辦好這件事情。長期這樣下去，不但公司業績火紅，與客戶的關係日益密切，而且自己也養成了積極思考，戰勝困難的良好習慣，成爲英國商場的一顆新星。

他們的成功，就借助了他們有效地利用了空閒時間。事實上，不管一個人有多精明，辦事的效率有多高，總是有人讓你有等待別人的機會，你可能錯過了公車、火車、飛機；也可能碰上出其不意的節假日；你小心地計畫某一件事，可因爲汽車拋錨你不得不等待幾個小時。這些時間如果合理的利用，就會把您向成功的神靈面前推進一步。

不管一個人有多精明，辦事的效率有多高，總是有人讓你有等待別人的機會。

自制才有可能成功

自制不僅僅是人的一種美德，在一個人成就事業的過程中，自制也可助其一臂之力。有所得必有所失，這是定律。因此說，你要想取得並非是唾手可得的成功，就必須付出自己的努力，自制可以說是努力的同義語。

自制，就要克服欲望。人有七情六欲，乃人之常情，但人也有些想法超出了自身條件所許可的範圍。食色美味，高屋亮堂，凡人即所想得，但得之有度，遠景之事，不可操之過急，欲速則不達也，故必要控制自己。否則，舉自身全力，力竭精衰，事不能成，耗費枉然。又有些奢華之事，如著華衣，娛耳目，實乃人生之瑣事，但又非凡人所能自克，沉溺其中而不能自拔，就不是力竭精衰的小事了，人必然會頹廢不振，空耗一生。

有人說了，一個人要想在事業上取得成功，務必戒奢克儉，節制欲望，只能有所棄，才能有所得。

自制不僅僅是在物質上克制欲望，對於一個想要取得成功的人來說，精神上的自制力也是重要的。衣食住行畢竟是身外之物，不少人都能成功，甚至是盡善盡美地克制，但精神上的、意志力上的自制卻非人人都能做到。

如果你今天計畫做某件事，但早上起床後，因昨晚休息得太晚而疲倦，你是否義無反顧地披衣下床？如果你要遠行，但身體乏力，你是否要停止旅行的計畫？如果你正在做的一件事遇到了極大的、難以克服的困難，你是繼續做呢，還是停下來等等看？

對諸如此類的問題，若在紙面上回答，答案一目了然，但放在現實中，以你身在其中，自己去考問自己，恐怕也就不會回答得太俐落了。眼見的事實是，有那麼多的人在生活、工作中遇到了難題，都被打趴下了。他們不是不會簡單地回答這些問題，而是思想上的自制力難以控制自己。

因此，又有人說了，人最難戰勝的是自己。這話的含義是說，一個人成功的最大障礙不是來自於外界，而是自身，除了力所不能及的事情做不好之外，自身能做的事不做或做不好，那就是自身的問題，是自制力的問題。

長話短說，一個成功的人，其自制力表現在：大家都做但情理上不能做的事，他自制而不去做；大家都不做但情理上應做的事，他強制自己去做。做與不做，克制與強制，超乎常人性情之外，就是取得成功的因素。

一個人成功的最大障礙不是來自於外界，而是自身。

逼著自己成功

俗話說：三百六十行，行行出狀元。的確，不論做哪一行，只要肯下功夫，找準方向，成功只是早晚的事。

天下的行業雖然不少，但狀元卻眞的不太多。想要及早地出人頭地，是每個年輕人共同的想法，許多年輕人爲此付出了沉重的代價。但嚴酷的事實從來就沒有改變過——成功者永遠是少數。

也許，正是因爲這樣的現實，古往今來多少人爲了達到目標，甚至不惜付出了自己最寶貴的東西。那麼，通向成功的路到底在哪裡？這裡面有沒有訣竅呢？答案是肯定的。

要想成功，必須出色。也就是說，在你最熟悉的領域裡（或者說行業中）想辦法出眾，使自己在普通大眾中首先成爲行家高手，繼而固守陣地，擴大戰果，設法作名眞正的「領頭羊」，把那些同隊伍的追隨者、競爭者們遠遠地拋在身後，這樣，成功便離你很近了。

表面上看，這是一件很不容易做到的事情，但實際上並不太難，起碼，比你短期內要得到億萬資產容易得多。這樣分析成功之道路，一下子就變得簡單多了，是的，這眞的很簡單。

我們先來算一筆帳，如果你比較勤快，在一天中做了別人五天才能做完的事（這種情況起碼在我們台灣是司空見慣的），那就等於你比別人多活了五倍的時間，也就等於你比別人多了三百年的時間，如果你一直這麼做，還有什麼實現不了的呢？

許多窮人少有大志且才高八斗，學富五車，但終其一生而事業未成，何也？都因懈怠所致故也。許多窮人都有這樣的經歷：突然某一天發現，某某大紅大紫之人原來是大學中班上公認最沒有出息的人，於是仰天長嘆，我輩若是稍有進取之心，略略出一把力，哪有他等出頭之日啊。

在現實生活中，笨鳥成了金鳳凰的例子隨處可見，究其原因，不外乎這些「笨鳥」們比較勤快、刻苦而已。許多人都有成功的潛能和機會，但往往卻同成功擦肩而過，失之交臂。

芸芸眾生中，眞的「忙人」並不太多，但不論在什麼地方，我們都能聽到許多人說：我很忙云云，其實，他可能每週至少打兩次麻將、喝一次酒、去三趟高爾夫球場。當然我不是反對讀者們「玩一玩」，而是說，如果你將別人每次「玩一玩」的時間用到事業上，你成功的機率將比別人大得多。

經常有些「時不我待」感極強的朋友們或學生們向我抱怨：現在太忙了，生活節奏太快了，根本無法抽出時間來讀書或做事。略微交談幾句後，我告訴他：你太幸福了，因爲你有那麼多的時間可以利用。隨即我向他們列了自己的作息時間表：沒有星期天、每晚加班到深夜兩點甚至三點。只可惜，我明白得太晚，如果二十年前我就這樣做的話……窮人們，強迫自己去做，逼著自己去做，這是成功的開始。

在你最熟悉的領域裡想辦法出眾，使自己在普通大眾中首先成爲行家裡手。

給平凡的你的忠告

擺脫毛病

你也可以像有錢人一樣生活，而你所缺少的，也許不僅僅是金錢。

讓工作成為一種享受

你活著就必須工作，工作的報酬除了得到活下去的糧食外，帶給我們生活的意義，讓自己充實，覺得有幾分價值和溫馨的感覺。

沒有工作的人總是空虛的，即使他們有活下去的財富；失業的人必然是不安的，因爲它不但危及生存，面臨三餐不繼的不安，同時會造成一種莫名的恐慌。此外，有工作而不肯敬業的人，也會覺得生活失去意義，打不起精神，最後會破壞精神生活，導致生活適應的困擾。

一個人的尊嚴，並不在於他能賺多少錢，或獲得了什麼社會地位；而在於能不能發揮他的專長，兢兢業業地安心工作，過有意義的生活。一百個人不能都做同樣的事，各有不同的生活方式。生活雖然不同，可是每個人都能發揮自己的天分與專長，並使自己陶醉在這種喜悅之中，與社會大眾共用；在奉獻中，領悟自己的人生價值。這是現代人所被期望的。

每個人都站在不同的立場上，但無論什麼立場，絕對沒說這個立場不行，或那個工作不好，因爲這一切全在於你所持的觀點。所有的工作，都有它存在的價值。

有人認爲事業有「適合時代」與「不適合時代」的區別；說某種事業是「夕陽工

業」，某種事業是「成長事業」。從某種角度看，也許是正確的。可是，從事於夕陽工業的人，是不是就註定失敗了呢？不一定，只要你肯爲事業奉獻一顆執著的心，並沒有失敗與成功的區別。

敬業使一個人工作愉快，有活力。它使人樂於工作，盡心把工作做好，從而獲得成功和喜悅。敬業的人一定樂業，樂業的人必然成功。在乏味的被動的情況下，你不可能提高工作品質，也不可能在工作上發揮創意，敬業的人有一種認眞的態度和堅持的習慣。古人堅持「一日不作，一日不食」，勤勤懇懇地把工作做好，把它當作與生命意義密切相關的問題來看待。

也正因如此，敬業的人，一生都綻放著活力和光彩。

工作是歷練自己心智、激發精進、提高生活適應力和佈施自己才智最好的方法。生活離不開工作，工作並不是呆板的機械運動，也不是冰冷的責任分工。工作，它充滿了人情、熱情、歡情。一個沒有人情，缺乏溫情，極少熱情，不知歡情的人，他可能工作，但他沒有朋友，性格孤僻，難以享受工作中那美妙動人的旋律。一位心理學家說，對一個喜歡自己工作並認爲它很有價值的人來說，工作便成爲生活中的一個十分愉快的部分。

熱愛工作的人，工作是生活的第一需要。它使人振作、有活力、有朝氣，但這必須具備敬業的態度才辦得到。敬業的人，經常忘記辛苦，忘記成敗，忘記得失，他全神投入工作，一心一意把工作做好。套用《中庸》的一句話說：「至誠則靈。」在那種投入狀況下，工作不但有效，而且很容易發揮創意，把事業帶到一個超然的境界，使人感受到一種精神的享受，感受到一種情操的昇華，感受到一種人格的錘煉。

熱情是事業成功的老師。你要想大展宏圖，應該像熱愛戀人一樣熱愛工作。同時，一經確定目標，就應在石頭上穩坐三年，且學習去熱愛那些不喜歡的工作。

熱愛工作，是事業成功的基本條件。上網聊天的人通宵達旦、樂此不疲，關鍵就是興趣和熱愛。工作也是這樣，如果不感興趣，就不會產生熱情，精神與肉體都容易疲倦。這樣的話，不僅不會做出成績，對身心也都是一種損害，這應該說是一種人生的不幸。反之，對工作具有興趣和愛心，就不僅會積極熱忱地工作，同時會從工作中享受到很大的樂趣。眞正的幸福就是能自動培養工作興趣而愉快地工作。

當然，除了老闆，無論是高級職員還是員工，被企業僱用，雖說是出於自己的自願，但並不一定能得到自己喜歡的工作。即使老闆，因爲最初的陰差陽錯，或者發展中的時移世易，他所經營的事業未必就與自己的興趣吻合。此處情形，該怎樣呢？理想的做法，首先是要「在石頭上坐三年」，俗話說就是「既來之，則安之」。也許過了一年，對工作的興趣就培養起來了。

那種不滿意現有工作就會換掉的，客觀上不一定有那麼多職位等你，或者有也不安排給你。實際上，換了工作對你來說，也沒有什麼好處。況且，社會又有所謂「做一行怨一行」的說法，主觀上又未能對你現在喜歡的工作一直熱愛下去。

一直坐下來等，或者混一天算一天，也不是辦法。此時，更要積極地去學習那些不熱愛、甚至可惡的工作。改變對工作態度的方法，是要重新認識所從事工作的意義。如果一個賣冰淇淋機的人老是想「因爲有許多人買霜淇淋吃，我才賣這種機器；要是萬一有一天沒有人吃了怎麼辦呢？」照這種思路想下去，他肯定不會對這種工作感興趣，提不起精神來。如果能想到小朋友吃了霜淇淋高興，家庭主婦吃著打發寂寞，工人吃了消暑，對工作的態度肯定就不一樣了。在工作時間裡打牌是令人不能容忍的，製造撲克牌的人對此不感興趣在所難免。但又不易改換工作，那麼，改換思路如何？如果想到正常娛樂給人們消遣、休閒的快樂，不也就會覺得這件工作有意義了嗎？

同樣一件事情，由於觀察、思考的角度不同，就會產生不同的看法。不同的看法，會給當事人的心情以不同的影響。認識到工作的意義，興趣和喜好也就隨之而來。

善於讓心靈休假

看看那些終年勞碌的小商人，冒著嚴寒酷暑仍然在店鋪裡工作，他們的面容是多麼憔悴。而那些絞盡腦汁的作家，他們連續幾個月不停地用腦工作，到了後來，他們的筆都寫禿了，他們的肉體與精神機器也運轉不靈了，他們的思想也就變得遲鈍了。那些事務繁忙的律師和醫生也顯得疲憊不堪，儘管他們仍然在勉強地支持，但他們的心中在呼喊著要有相當的休息。

又有一些家庭主婦們，一年到頭終日困在家中，爲家務操勞，爲煩瑣的事而困倦。顯然，她們也需要到大自然中去休息。一些面色慘白的學生終日學習，時間一久必定彎腰弓背，好似枯萎的花木。上述各行各業的勞碌者，在每一個城市中都有，他們都需要田野森林來豐富他們的生活。

聰明的人會不惜代價，去換取一個休息的假期。他們休過假後再回來了，同時帶著清醒的頭腦、強健的體魄、飽滿的精神和新的希望，他們簡直像一個新人，不再感覺疲勞和厭倦，而是充滿了愉悅和快樂。

花掉一些時間，可以使你重新獲得大量的精力和體力，使你重獲應付各種問題的更大力量，使你對生命、對工作、對事業有一種愉快的感覺，這難道不好嗎？世上還有哪種投資比一年一度的休假更來得划算呢？

如果一個人在一年中竟然不能爲自己安排一個假期，那麼他一定有些反常。或是因爲職務低微，他的能力不足以應付他的業務，他的工作缺乏條理和秩序，或是過分的吝嗇，他以爲離職幾星期，會減少自己的收入。當然，如果他做事沒有條理，缺乏系統性，那麼他的暫時離開必然會影響到全部的工作，這樣的話，假期對他反倒是弊大於利。但如果他是個具有管理才能的人，那麼幾個星期的假期對他肯定是大有裨益的。

一年一度的休假是最有價值的投資。人們能從休假中獲得更大的益處、更多的生命資本，至於對精神上的愉悅和身體上健康的好處，那就再不用說了。

許多人由於終年工作，得不到片刻的休息，積勞成疾，以致斷送了生命。還有好多人，因爲他們每年得不到幾個星期的假期，被送進了醫院、診所、精神病院。

對於品格的培養來說，休假也是有極大的價值的。俗語說得好：「在患病時，任何人都是惡人。」即使是最善良的人，在身體患病，精神衰弱之時，也會變得橫暴無理。人在腦筋疲勞以後，立刻就要休息。如果那時還得不到休息，就容易因瑣細的事情而憤怒，就會變得思想遲鈍、雙目無光、腳步無力。

無論是學生、商人，還是企業界的其他人士，有了上述的病症後就應該立即停止工作。如果此時還不加以注意，就要遭受更大的痛苦，甚至影響一生的前途。

大自然的規律是不以人的意志爲轉移的，它將多次警告人們。不管是誰，如果對大自然的警告不加理睬，都會受到最後的審判，受到大自然的懲罰。

與失敗有約－13張讓你遠離成功的入場券

作　　者　和　仁

發 行 人　林敬彬
主　　編　楊安瑜
編　　輯　蔡穎如
美術編排　洸譜創意設計股份有限公司
封面設計　泰飛堂設計

出　　版　大都會文化事業有限公司　行政院新聞局北市業字第89號
發　　行　大都會文化事業有限公司
110台北市基隆路一段432號4樓之9
讀者服務專線：(02)27235216
讀者服務傳真：(02)27235220
電子郵件信箱：metro@ms21.hinet.net
網　　　址：www.metrobook.com.tw

郵政劃撥　14050529 大都會文化事業有限公司
出版日期　2007年9月初版一刷
定　　價　250元

I S B N　978-986-6846-12-0
書　　號　Success-025

Metropolitan Culture Enterprise Co., Ltd.
4F-9, Double Hero Bldg., 432, Keelung Rd., Sec. 1,
Taipei 110, Taiwan
Tel:+886-2-2723-5216　Fax:+886-2-2723-5220
E-mail:metro@ms21.hinet.net
Web-site:www.metrobook.com.tw

◎原書名《你為什麼不成功》西北大學出版社出版，經北京版權代理有限責任公司代理授權繁體字版之獨家出版發行。

國家圖書館出版品預行編目資料

與失敗有約–13張讓您遠離成功的入場券／
和仁著.
--初版.--臺北市 ： 大都會文化，2007[民96]
面： 公分.--(Success：25)
ISBN 978-986-6846-12-0(平裝)
1.自我實現（心理學） 2.成功法

177.2　　　　96009247

大都會文化圖書目錄

●度小月系列

路邊攤賺大錢【搶錢篇】	280元	路邊攤賺大錢2【奇蹟篇】	280元
路邊攤賺大錢3【致富篇】	280元	路邊攤賺大錢4【飾品配件篇】	280元
路邊攤賺大錢5【清涼美食篇】	280元	路邊攤賺大錢6【異國美食篇】	280元
路邊攤賺大錢7【元氣早餐篇】	280元	路邊攤賺大錢8【養生進補篇】	280元
路邊攤賺大錢9【加盟篇】	280元	路邊攤賺大錢10【中部搶錢篇】	280元
路邊攤賺大錢11【賺翻篇】	280元	路邊攤賺大錢12【大排長龍篇】	280元

●DIY系列

路邊攤美食DIY	220元	嚴選台灣小吃DIY	220元
路邊攤超人氣小吃DIY	220元	路邊攤紅不讓美食DIY	220元
路邊攤流行冰品DIY	220元	路邊攤排隊美食DIY	220元

●流行瘋系列

跟著偶像FUN韓假	260元	女人百分百—男人心中的最愛	180元
哈利波特魔法學院	160元	韓式愛美大作戰	240元
下一個偶像就是你	180元	芙蓉美人泡澡術	220元
Men力四射—型男教戰手冊	250元	男體使用手冊—35歲+♂保健之道	250元
想分手？這樣做就對了！	180元		

●生活大師系列

遠離過敏 —打造健康的居家環境	280元	這樣泡澡最健康 —紓壓・排毒・瘦身三部曲	220元
兩岸用語快譯通	220元	台灣珍奇廟—發財開運祈福路	280元
魅力野溪溫泉大發見	260元	寵愛你的肌膚—從手工香皂開始	260元
舞動燭光 —手工蠟燭的綺麗世界	280元	空間也需要好味道 —打造天然相氛的68個妙招	260元
雞尾酒的微醺世界 —調出你的私房Lounge Bar風情	250元	野外泡湯趣 —魅力野溪溫泉大發見	260元
肌膚也需要放輕鬆 —徜徉天然風的43項舒壓體驗	260元	辦公室也能做瑜珈 —上班族的紓壓活力操	200元
別再說妳不懂車 —男人不教的Know How	249元	一國兩字 —兩岸用語快譯通	200元
宅典	288元		

●寵物當家系列

Smart養狗寶典	380元	Smart養貓寶典	380元
貓咪玩具魔法DIY —讓牠快樂起舞的55種方法	220元	愛犬造型魔法書 —讓你的寶貝漂亮一下	260元
我的陽光・我的寶貝—寵物真情物語	220元	漂亮寶貝在你家—寵物流行精品DIY	220元
我家有隻麝香豬—養豬完全攻略	220元	Smart 養狗寶典（平裝版）	250元
生肖星座招財狗	200元	Smart 養貓寶典（平裝版）	250元
Smart 養兔寶典（平裝版）	280元		

●人物誌系列

現代灰姑娘 199元

船上的365天 360元

走出城堡的王子 160元

貝克漢與維多利亞
—新皇族的真實人生 280元

瑪丹娜—流行天后的真實畫像 280元

風華再現—金庸傳 260元

她從海上來—張愛玲情愛傳奇 250元

脫下斗篷的哈利—丹尼爾・雷德克里夫 220元

強尼戴普
—可以狂放叛逆，也可以柔情感性 280元

黛安娜傳 360元

優雅與狂野—威廉王子 260元

殞逝的英格蘭玫瑰 260元

幸運的孩子
—布希王朝的真實故事 250元

紅塵歲月—三毛的生命戀歌 250元

俠骨柔情—古龍的今生今世 250元

從間諜到總統—普丁傳奇 250元

蛻變—章子怡的成長紀實 260元

棋聖 吳清源 280元

●心靈特區系列

每一片刻都是重生 220元

成功方與圓—改變一生的處世智慧 220元

課本上學不到的33條人生經驗 149元

從窮人進化到富人的29條處事智慧 149元

心態
—成功的人就是和你不一樣 180元

改變，做對的事 180元

課堂上學不到的100條人生經驗 199元

不可不知的職場叢林法則 199元

不可不慎的面子問題 199元

方圓道 199元

給大腦洗個澡 220元

轉個彎路更寬 199元

絕對管用的38條職場致勝法則 149元

成長三部曲 299元

當成功遇見你
–迎向陽光的信心與勇氣 180元

智慧沙 199元

不可不防的13種人 199元

打開心裡的門窗 200元

交心—
別讓誤會成爲拓展人脈的絆腳石 199元

●SUCCESS系列

七大狂銷戰略 220元

超級記憶術
—改變一生的學習方式 199元

搞什麼行銷
—152個商戰關鍵報告 220元

人脈=錢脈
—改變一生的人際關係經營術 180元

搶救貧窮大作戰の48條絕對法則 220元

殺出紅海
—漂亮勝出的104個商戰奇謀 220元

絕對中國製造的58個管理智慧 200元

商戰奇謀36計—現代企業生存寶典II 180元

幸福家庭的理財計畫 250元

有錢眞好！—輕鬆理財的10種態度 200元

我在華爾街的日子 180元

買單！— 一次就搞定的談判技巧 200元

與失敗有約—
13張讓你遠離成通的入場券 250元

打造一整年的好業績—店面經營的72堂課 200元

管理的鋼盔
—商戰存活與突圍的25個必勝錦囊 200元

精明人聰明人明白人
—態度決定你的成敗 200元

搜精・搜驚・搜金
—從Google的致富傳奇中，你學到了什麼？199元

週一清晨的領導課 160元

客人在哪裡？
—決定你業績倍增的關鍵細節 200元

商戰奇謀36計—現代企業生存寶典 180元

商戰奇謀36計—現代企業生存寶典III 180元

巨賈定律— 商戰奇謀36計 498元

創意決定優勢 180元

贏在關係–勇闖職場的人際關係經營術 180元

你在說什麼？
—39歲前一定要學會的66種溝通技巧 220元

●都會健康館系列

書名	定價	書名	定價
秋養生—二十四節氣養生經	220元	春養生—二十四節氣養生經	220元
夏養生—二十四節氣養生經	220元	冬養生—二十四節氣養生經	220元
春夏秋冬養生套書	699元	寒天—0卡路里的健康瘦身新主張	200元
地中海纖體美人湯飲	220元	居家急救百科	399元

●CHOICE系列

書名	定價	書名	定價
入侵鹿耳門	280元	蒲公英與我—聽我說說畫	220元
入侵鹿耳門（新版）	199元	舊時月色（上輯＋下輯）	各180元
清塘荷韻	280元	飲食男女	200元

●FORTH系列

書名	定價	書名	定價
印度流浪記—滌盡塵俗的心之旅	220元	胡同面孔—古都北京的人文旅行地圖	280元
尋訪失落的香格里拉	240元	今天不飛—空姐的私旅圖	220元
紐西蘭奇異國	200元	從古都到香格里拉	399元
馬力歐帶你瘋台灣	250元	瑪杜莎豔遇鮮境	180元

●大旗藏史館

書名	定價	書名	定價
大清皇權遊戲	250元	大清后妃傳奇	250元
大清官宦沈浮	250元	大清才子命運	250元
開國大帝	220元	圖說歷史故事—先秦	250元
圖說歷史故事—秦漢魏晉南北朝	250元	圖說歷史故事—隋唐五代兩宋	250元

●大都會運動館

書名	定價	書名	定價
野外求生寶典 —活命的必要裝備與技能	260元	攀岩寶典 —安全攀登的入門技巧與實用裝備	260元
風浪板寶典 —駕馭的入門指南與技術提升	260元	登山車寶典 —鐵馬騎士的駕馭技術與實用裝備	260元

●大都會休閒館

書名	定價	書名	定價
賭城大贏家—逢賭必勝祕訣大揭露	240元	旅遊達人—行遍天下的109個 Do & don't	250元
萬國旗之旅—輕鬆成爲世界通	240元		

●大都會手作館

書名	定價	書名	定價
樂活，從手作香皂開始	220元	Home Spa & Bath —玩美女人肌膚的水嫩體驗	250元

●FOCUS系列

書名	定價	書名	定價
中國誠信報告	250元	中國誠信的背後	250元
誠信	250元		

●禮物書系列

書名	定價	書名	定價
印象花園 梵谷	160元	印象花園 莫內	160元
印象花園 高更	160元	印象花園 竇加	160元
印象花園 雷諾瓦	160元	印象花園 大衛	160元
印象花園 畢卡索	160元	印象花園 達文西	160元
印象花園 米開朗基羅	160元	印象花園 拉斐爾	160元
印象花園 林布蘭特	160元	印象花園 米勒	160元
絮語說相思 情有獨鍾	200元		

●工商管理系列			
二十一世紀新工作浪潮	200元	化危機爲轉機	200元
美術工作者設計生涯轉轉彎	200元	攝影工作者快門生涯轉轉彎	200元
企劃工作者動腦生涯轉轉彎	220元	電腦工作者滑鼠生涯轉轉彎	200元
打開視窗說亮話	200元	文字工作者撰錢生活轉轉彎	220元
挑戰極限	320元	30分鐘行動管理百科（九本盒裝套書）	799元
30分鐘教你自我腦內革命	110元	30分鐘教你樹立優質形象	110元
30分鐘教你錢多事少離家近	110元	30分鐘教你創造自我價值	110元
30分鐘教你Smart解決難題	110元	30分鐘教你如何激勵部屬	110元
30分鐘教你掌握優勢談判	110元	30分鐘教你如何快速致富	110元
30分鐘教你提昇溝通技巧	110元		
●精緻生活系列			
女人窺心事	120元	另類費洛蒙	180元
花落	180元		
●CITY MALL系列			
別懷疑！我就是馬克大夫	200元	愛情詭話	170元
唉呀！眞尷尬	200元	就是要賴在演藝圈	180元
●親子教養系列			
我家小孩愛看書—Happy學習easy go！	220元	天才少年的5種能力	280元
孩童完全自救寶盒（五書+五卡+四卷錄影帶）			3,490元（特價2,490元）
孩童完全自救手冊—這時候你該怎麼辦（合訂本）			299元
哇塞！你身上有蟲！學校忘了買，老師不敢教，史上最髒科學書			250元
●BEST系列			
人脈=錢脈 —改變一生的人際關係經營術 （典藏精裝版）	199元	超級記憶術 —改變一生的學習方式	220元

◎關於買書：

1、大都會文化的圖書在全國各書店及誠品、金石堂、何嘉仁、搜主義、敦煌、紀伊國屋、 諾貝爾等連鎖書店均有販售，如欲購買本公司出版品，建議你直接洽詢書店服務人員以節省您寶貴時間，如果書店已售完，請撥本公司各區經銷商服務專線洽詢。

   北部地區：(02)29007288 桃竹苗地區：(03)2128000 中彰投地區：(04)27081282
   雲嘉地區：(05)2354380 臺南地區：(06)2642655 高雄地區：(07)3730079
   屏東地區：(08)7376441

2、到以下各網路書店購買：

   大都會文化網站 (http://www.metrobook.com.tw)
   博客來網路書店 (http://www.books.com.tw)
   金石堂網路書店 (http://www.kingstone.com.tw)

3、到郵局劃撥：

   戶名：大都會文化事業有限公司　帳號：14050529

4、親赴大都會文化買書可享8折優惠。

讀者服務卡

書名：**與失敗有約-13張讓你遠離成功的入場券**

謝謝您選擇了這本書！期待您的支持與建議，讓我們能有更多聯繫與互動的機會。

A. 您在何時購得本書：_____年_____月_____日

B. 您在何處購得本書：__________書店，位於__________(市、縣)

C. 您從哪裡得知本書的消息：
1.□書店　2.□報章雜誌　3.□電台活動　4.□網路資訊
5.□書籤宣傳品等　6.□親友介紹　7.□書評　8.□其他

D. 您購買本書的動機：（可複選）
1.□對主題或內容感興趣　2.□工作需要　3.□生活需要
4.□自我進修　5.□內容為流行熱門話題　6.□其他

E. 您最喜歡本書的：（可複選）
1.□內容題材　2.□字體大小　3.□翻譯文筆　4.□封面　5.□編排方式　6.□其他

F. 您認為本書的封面：1.□非常出色　2.□普通　3.□毫不起眼　4.□其他

G. 您認為本書的編排：1.□非常出色　2.□普通　3.□毫不起眼　4.□其他

H. 您通常以哪些方式購書：(可複選)
1.□逛書店　2.□書展　3.□劃撥郵購　4.□團體訂購　5.□網路購書　6.□其他

I. 您希望我們出版哪類書籍：（可複選）
1.□旅遊　2.□流行文化　3.□生活休閒　4.□美容保養　5.□散文小品
6.□科學新知　7.□藝術音樂　8.□致富理財　9.□工商企管　10.□科幻推理
11.□史哲類　12.□勵志傳記　13.□電影小說　14.□語言學習（____語）
15.□幽默諧趣　16.□其他

J. 您對本書(系)的建議：

K. 您對本出版社的建議：

讀者小檔案
姓名：____________性別：□男 □女　生日：___年___月___日
年齡：1.□20歲以下 2.□21—30歲 3.□31—50歲 4.□51歲以上
職業：1.□學生 2.□軍公教 3.□大眾傳播 4.□服務業 5.□金融業 6.□製造業
7.□資訊業 8.□自由業 9.□家管 10.□退休 11.□其他
學歷：□國小或以下 □國中 □高中／高職 □大學／大專 □研究所以上
通訊地址：______________________________
電話：（H）____________（O）____________ 傳真：____________
行動電話：____________ E-Mail：____________________
◎謝謝您購買本書，也歡迎您加入我們的會員，請上大都會文化網站www.metrobook.com.tw 登錄您的資料，您將會不定期收到最新圖書優惠資訊及電子報。

大都會文化事業有限公司
讀 者 服 務 部 收
110台北市基隆路一段432號4樓之9

寄回這張服務卡〔免貼郵票〕
您可以：
◎不定期收到最新出版訊息
◎參加各項回饋優惠活動

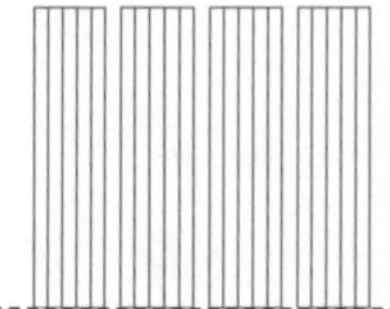

與失敗有約
13張讓你遠離成功的入場券

大都會文化
METROPOLITAN CULTURE

大都會文化
METROPOLITAN CULTURE

大都會文化
METROPOLITAN CULTURE

大都會文化
METROPOLITAN CULTURE